U0503549

中国文物保护法实施效果研究

张伟明　著

文物出版社

图书在版编目（CIP）数据

中国文物保护法实施效果研究／张伟明著.—北京：
文物出版社，2017.7
ISBN 978 - 7 - 5010 - 5157 - 1

Ⅰ.①中… Ⅱ.①张… Ⅲ.①文物保护法 - 研究 - 中
国 Ⅳ.①D922.164

中国版本图书馆 CIP 数据核字（2017）第 148076 号

中国文物保护法实施效果研究

著　　者：张伟明

责任编辑：许海意
封面设计：程星涛　张　帆
责任印制：张道奇

出版发行：文物出版社
社　　址：北京市东直门内北小街 2 号楼
邮　　编：100007
网　　址：http：//www. wenwu. com
邮　　箱：web@ wenwu. com
经　　销：新华书店
印　　刷：北京京都六环印刷厂
开　　本：710mm×1000mm　1/16
印　　张：9
版　　次：2017 年 7 月第 1 版
印　　次：2017 年 7 月第 1 次印刷
书　　号：ISBN 978 - 7 - 5010 - 5157 - 1
定　　价：38.00 元

本书版权独家所有，非经授权，不得复制翻印

目　录

图表索引

导　论

一、文物保护法实施效果的核心问题

《文物保护法》及以此为核心的文物保护法律法规体系是文物保护事业有序发展的基础。随着社会和经济的进步，我们的文物保护工作取得了显著成绩。文物的保护和合理利用更加有序，文物保护和基本建设之间的关系更加协调，全社会文物保护意识大大增强，大量的可移动文物和不可移动文物得到有效保护。

但是，也应该看到，我国文物保护与利用的整体水平还不能很好地适应文化事业发展的需要，不能完全满足人民群众日益增长的精神文化需求。文物工作中还存在一些实际困难和问题。主要表现在文物保护体制上还需要继续完善，社会参与文物保护的机制还需健全；文物的盗窃、盗掘、走私等违法犯罪行为频发；"法人违法"现象屡禁不绝，文物违法犯罪的成本较低等。

2015 年左右，根据文物保护工作实际情况，全国人大启动了《文物保护法》新一轮的修订工作，并进入全国人大修法日程之中。2016 年国务院法制办公室公布了新的修订稿草案。因此，研究《文物保护法》的主要内容、存在的主要问题，特别是在实际工作中的执行效果，有助于理解《文物保护法》的内涵，有助于文物保护实际工作的开展。

中国文物保护法①实施效果的核心问题是文物是否得到有效保护和合理利用。这个问题，既是《文物保护法》立法目的和制度设计要解决的问题，也是文物保护实践中的难点。那么，实践中的文物保护究竟难在哪里？对此，文物保护行业中的不同从业者，有不同的答案。甲是国家文物局一位专家，他认为文物保护的最大问题在于文物管理体制的不顺畅，文物的分级属地管

---

① 本文所说的中国的文物保护法是指以《中华人民共和国文物保护法》为核心的文物保护法律法规的总称。在行文中，以《文物保护法》来特指《中华人民共和国文物保护法》。

理造成了文物管理的浪费和低效，主张建立类似于海关、税务等垂直管理的文物管理体制，以破解当前文物保护效果不佳的问题。乙是某市文物局官员，他认为，当地文物保护最大问题是"法人违法"，政府机关、企事业单位这些法人主体往往知法犯法，而且违法行为难以处罚和禁止。丙是一考古发掘项目的负责人，他说，田野考古发掘中最担心的就是文物盗掘问题，许多考古发掘项目往往因被盗墓者先行光顾而失去科学研究价值。综观近年来文物界的一些典型案例来看，三位文保专家的回答均具有一定的代表性，实际上反映了文物保护工作中存在的三个难点问题：

（一）文物管理体制的有效性问题

文物管理体制包括文物行政管理体制和文物保护管理体制。文物保护法有大量针对文物管理体制的规定，包括文物所有权、文物行政机构的职能、文物保护管理机构的建立、财政投入、人员资质、文物保管手段的规范等。问题在于，这些规定的效果如何？从文物行政管理机构的现状来说，管理主体多元化、管理权分散、权责不对称、缺乏有效的文物保护监督机制和责任追究机制，其结果便是出现利益之争谁都可以管，文物出现了问题谁都不负责任。这也是访谈时国家文物局的专家认为需要建立垂直管理体制以提高文物行政管理效能的原因。从文物保护管理机构的现状来说，尽管一直在完善，大多数文物保护管理机构存在着归属管辖复杂、内部管理低效的特点。文物管理体制总体上呈现出计划经济体制下的影子，表现在人员和经费管理的粗放性，内在人才激励机制的缺乏，决策过程及后果估计的随意性，财务预算的任意编制，不关心经费投入之后的产出效益等，其后果就是文物管理的精细化程度不够，文物得不到良好的保护，文物的社会经济效益难以有效发挥，甚至发生文物被盗、被损的后果。例如，某省级博物馆文物损坏被盗骗案①就典型地体现出文物管理制度的有效程度对文物安全的影响。该博物馆拥有10万多件珍贵的文物，但因缺乏有效的文物监管体制，20世纪90年代，该博物馆秘密销毁20多件受损的文物；2000年，由于文物出入库管理制度松懈，被文物贩子骗走22件珍贵文物；2002年又因防盗意识薄弱，致使6件珍贵文物从展厅中被盗。另一被称为中国文物界"第一大案"的李海涛监守自盗文物案，同样暴露出现行文物管理体制较为粗放、缺乏监督的一面。李

---

① 《新疆博物馆内幕调查：一个"基建馆长"的落马》，北方网，http://news. enorth. com. cn/system/2004/04/08/000765047. shtml，2011年10月9日访问。

海涛系河北承德外八庙管理处原文物保管部主任，利用库房管理的漏洞，在长达 10 年的时间里，窃取文物库中的馆藏文物共计 295 件。① 2016 年的十三陵被盗事件等。从根源上说，还是文物管理体制有效性不足的问题。

（二）如何妥善处理文物保护与经济建设的关系

我国的文物所有权和使用权在实践中的分离现象，以及文物属地管理和单位权属管理的复杂性，使得无论是在大规模的国家基本建设、地方各级政府的城市建设还是文物权属单位的工程建设中，都出现了文物受到侵害的情况，有的损害情况还非常严重。例如，2002 年福州市全国重点文物保护单位崇妙保圣坚牢塔（乌塔）受到建设性破坏的案件就是一起典型的"法人违法"案件。② 1996 年，福州市政府决定对原乌塔周边区域进行旧城改造，2002 年采取商业运作方式，将该塔周边区域出让给一家房地产企业经营，2004 年该企业未经批准即开工建设塔基加固工程和冠亚广场项目，造成具有 1000 多年历史的乌塔历史风貌的严重受损。该违法案件被国家文物局认定为典型的法人违法案件，由福州市政府负主要责任。实际上，在不可移动文物保护方面，大量的文物损害都与各地的经济建设活动有关，涉及的违法主体包括地方政府、企业、事业等单位。国家文物局 2008 年出版的《文物行政执法案例选编与评析》③ 中收录了 42 件文物行政执法案例，其中超过 50% 的行政违法案例都是在文物保护单位保护范围及建设控制地带违法进行工程建设。因此，法人违法和建设性破坏是文物保护的一个热点和难点问题，也是《文物保护法》实施过程中必须正确处理的一个重要问题。

（三）文物安全防范的有效性问题

文物安全是文物保护的核心问题，也是文物保护法律法规关注的核心问题。近年来文物盗掘、盗抢、走私活动日益猖獗，而且呈现出犯罪组织职业化、犯罪行为暴力化、作案手段高科技化等特点，盗窃、盗掘、销赃、走私的犯罪网络已经形成规模。据报道，1 件内地出土的文物，可以在 3 天之内出现在海外市场，文物走私的能力较过去有质的提高，④ 甚至是一些很难盗

---

① 《原承德文物局干部窃取文物近 300 件被执行死刑》，东方网，http://news.eastday.com/c/20101119/u1a5559519.html，2011 年 10 月 9 日访问
② 国家文物局：《文物行政执法案例选编与评析》，文物出版社，2008 年，第 20 页。
③ 国家文物局：《文物行政执法案例选编与评析》，文物出版社，2008 年。
④ 《我国约 10 万盗墓者游走各地 所盗文物 3 天出境》，大洋网，http://news.dayoo.com/society/201005/12/61961_101930861.htm，2011 年 10 月 10 日访问。

运出境的文物，也可以被走私出境。例如，2004～2005 年文物盗窃团伙盗掘西安市长安区庞留村附近的唐贞顺皇后敬陵墓，将墓中重达 27 吨的彩绘石棺盗运走私出境。2010 年 5 月西安市长安区韦曲街办新合村高约 2 米、重 1 吨的北周时期石佛造像被盗。① 这些犯罪案件说明，在巨额的利润刺激下，文物犯罪问题日趋严峻，文物安全防范措施的有效性亟待改善和提高。中国的文物保护立法已经预见或者说采取了一些措施以预防某些特别的损害发生。这表现在对馆藏文物的安全保护、工程建设中的文物破坏、考古发掘的审批、文物市场的管理、文物犯罪的打击等方面进行的细致规定，以防止诸如火灾、过失损害以及法人违法、建设性破坏、文物盗掘、文物走私等违法犯罪行为对国家文物造成的损害。但这些规定的困境在于，现实中频繁发生的建设性破坏、文物被盗、被抢、文物走私现象实际上折射出社会对文物国家所有权的不尊重，折射出这些文物保护规则的权威缺失及应用于现实中的无力。

对上述三个问题的研究构成了本书的主要内容。这三大问题还可以归纳为：中国的文物保护法针对这些问题有哪些规定，这些规定在中国的治理实践中又有哪些表现，表现甚佳或表现不佳的原因是什么。这三者递进的关系构成了本书的结构。文物保护法与文物保护的有效性之间的关系是本书的核心。

二、为什么要关注中国文物保护法的实施效果

为什么要关注中国文物保护法的实施效果？从理论上说，回答这个问题，相当于回答一个在法学领域中的基本问题，即为什么要关注法律效果？关注法律效果的原因其实不难理解。法作为一种实践智慧，利用规范来解决事实问题。② 在社会生活中，法律规范与事实问题相辅相成，法律文本与社会实践紧密相关，法律文本的实际执行力和权威性在社会实践中得以体现。因此，不关注法律效果，不关心书本中的法律如何在社会中的具体实现，对法律文

---

① 这两个案件的犯罪情况曾经在公安部、国家文物局举办的"众志成城雷霆出击——全国重点地区打击文物犯罪专项行动成果展"（2010 年 11 月 17 日在中国人民革命军事博物馆开幕）上展出。见《"全国重点地区打击文物犯罪专项行动"成果展举行》，中国网，http://news.china.com.cn/rollnews/2010-11/17/content_5204149.htm，2011 年 10 月 10 日访问。

② 郑永流：《法是一种实践智慧——法哲学和法律方法论文选》，法律出版社，2010 年，第 113、136 页。

本的社会有效性和实际影响力的认识就难免模糊。但研究法律效果问题，其难点并不在于提炼出这种一般化的认识，问题的难点恰恰在于特定法律实施过程中所面临的特殊性上，即应该如何认识特定法律文本与特定社会实践之间的具体关系。这也是为什么很多法律效果研究实际上都是个案研究。因此，研究中国文物保护法的实施效果，问题也并不在于一般化地认识文物保护的法律文本与社会现实之间的关系，问题在于中国文物保护行业的特殊性上。

选取中国的文物保护法及其相关法规作为本文法律效果分析的具体研究对象，其原因还包括：

1. 法律效果研究要以具体法律制度作为参照对象，离开了对具体法律制度的深入探讨，从理论到理论探讨法律效果的问题，很容易变得空洞与乏味。

2. 选择文物保护法作为研究对象的主要原因在于对文物保护法及其相关法规的效果分析，具有"扩展个案研究"的意义。①

（1）文物保护法在中国的行政管理法规中具有一定的代表性和典型意义。中国的法律体系根据调整方法和调整对象的不同，可以分为宪法、行政法、民商法、经济法、劳动与社会保障法、刑法、程序法等七个部门。其中，行政法部门是调整国家行政管理活动中形成的社会关系的法律规范的总和，包括治安、民政、工商、文教、卫生、财税、交通、环境等各方面的法律制度。②《文物保护法》体现了国家对文物或文化遗产的保护权和管理权，属于行政法部门体系中的文教法律制度，与文物保护相关的法律法规分散在宪法、民商法、经济法、刑法等部门法领域，例如刑法中有关文物犯罪的条款，但主要的法律法规还是集中在行政法部门。文物保护法与治安、民政、工商、环境等行政管理法律制度一样，具有相对独立的法律制度体系以及从上到下的政府执法机构的配置。因此，对文物保护法的分析具有较为典型的参照意义，对于理解中国的行政法律乃至中国法律都具有一定的价值。

（2）文物保护法及其相关法规的实施效果具有典型的考察价值。文物保护以及在此基础上扩展的文化遗产保护在21世纪的中国正日益显示其重要意

---

① 关于"扩展个案研究"，可参见卢晖临、李雪：《如何走出个案——从个案研究到扩展个案研究》，载朱晓阳、侯猛：《法律与人类学：中国读本》，北京大学出版社，2008年，第342～362页。

② 朱景文：《法理学》，中国人民大学出版社，2008年，第373～376页。

义。中国的文物保护法及相关法律法规体系的建设也渐趋于完善。但是，我们在承认 1949 年以来中国文物保护所取得的巨大成绩的同时，也必须面对着文物安全的沉重话题。尽管我们的文物保护法律体系已经渐趋完善，公民的文物意识也在提高，文物保护的执行机构较为完整，但我们文物的自然和人为损害还是很严重。全国的文物家底不清，保护经费投入不足，许多文物保护机构难以实现有效保护；文物的盗窃、盗掘、走私等违法犯罪行为频发，大量的文物被走私出境；文物的建设性破坏依然严重，"法人违法"现象屡禁不绝，文物违法犯罪的成本较低，甚至在国家行政机构的督办下，文物仍然遭到破坏。①

因此，这种健全的法律体系和完整的执法结构与其不良的实施效果之间的矛盾关系，对于考察影响法律效果的因素及法律效果的内容具有典型的个案意义，对中国特色文物保护实践历史过程及其效果的分析，对于法律效果的理论研究具有重要的参考价值和推论价值。

三、文物保护相关研究回顾

学界有关文物（文化遗产）保护的研究集中在几个方面：

1. 文物保护的历史和现状的研究。这其中包括对民国时期文物保护研究，对中央苏区、陕甘宁边区、解放区的文物保护实践研究，对 1949 年后的文物保护历程的研究。②

2.《文物保护法》及其相关法规的研究。包括对国内外文化遗产立法保护的比较分析③，对国内文物保护立法过程的回顾④，对《文物保护法》修订

---

① 《江苏宋元粮仓遗址被毁调查：塔吊货车仍在作业》，新浪新闻，http：//news. sina. com. cn/c/sd/2010 – 07 – 14/052420672752. shtml ，2011 年 1 月 2 日访问。

② 参见谢辰生：《新中国文物保护工作 50 年》，《当代中国史研究》2002 年第 3 期，第 61 ~ 70 页；刘建美：《陕甘宁边区文物保护工作述析》，《延安大学学报（社科版）》2010 年第 2 期，第 51 ~ 56 页。

③ 黄燕民：《国际文物保护立法简述》，《中国博物馆》1987 年第 4 期，第 74 ~ 81 页。

④ 梁吉生、顾伯平：《新中国文物立法的回顾与展望》，《中国博物馆》1988 年第 4 期，第 75 ~ 81 页；张松：《中国文化遗产保护法制建设史回眸》，《中国名城》2009 年第 3 期，第 27 ~ 33 页。

利弊的分析①，对文物保护法的私法性及文物所有权的物权属性的研究②。

3. 对文物违法犯罪行为的研究。例如对文物犯罪量刑的研究③，对文物犯罪罪名与刑法罪名协调的研究④，对刑法文物犯罪体系的完善研究⑤，对文物执法体制的研究⑥。

4. 对具体文物保护制度的研究。例如对文物保护单位的研究⑦，对历史文化名城、名镇、名村保护制度的研究⑧，对文物市场管理体制的研究⑨等。

总的来说，现阶段文物（文化遗产）保护的研究范围已经大为扩展，各种研究成果很多，其中对文物保护法的实施效果研究，大多集中在对文物保护现状的忧虑上，对形成文物保护难题的原因有初步的分析，但是还没有形成较为系统的理论认识。

四、研究基础：法律效果理论的述评

（一）法律效果评价的意义

从法社会学诞生以来，法律与社会之间的相互影响已经成为现代法学的

---

① 黄锡生、晏晓丽：《论新文物保护法的制度创新及其立法完善》，《江汉大学学报（社会科学版）》2004 年第 6 期，第 74～78 页；李都安：《新〈文物保护法〉存在的问题及其补救措施》，《唐山师范学院学报》2010 年第 1 期，第 125～127 页。

② 李玉雪：《文物的私法问题研究——以文物保护为视角》，《现代法学》2007 年第 6 期，第 136～146 页；刘红兵：《论文物保护法的物权规定及其完善》，山东大学 2008 年硕士学位论文。

③ 马秀娟：《论我国文物犯罪的量刑平衡》，《山西警官高等专科学校学报》2009 年第 1 期，第 10～13 页。

④ 薛瑞麟：《关于文物犯罪几个问题的思考》，《杭州师范学院学报（社会科学版）》2005 年第 2 期，第 28～32 页。

⑤ 罗朝辉：《我国刑法对文物的保护及立法完善思考》，《重庆交通学院学报（社会科学版）》2006 年第 2 期，第 30～35 页。

⑥ 文物警察体制研究课题组：《河南省文物警察体制问题调研报告》，《山西警官高等专科学校学报》2009 年第 4 期，第 5～10 页。

⑦ 王运良：《中国"文物保护单位"制度研究》（非出版物），复旦大学 2009 年博士学位论文。

⑧ 赵中枢：《从文物保护到历史文化名城保护——概念的扩大与保护方法的多样化》，《城市规划》2001 年第 10 期，第 33～36 页。

⑨ 马健：《中国文物管理制度的变迁：1950～2002 年》，《理论界》2010 年第 2 期，第 222～223 页。

一个核心研究课题。用埃利希的话说，从法律命题中发现全部法律的时代已经过去，法律发展的重心存在于社会的内在秩序之中，存在于契约、交易惯例、财产处分等具体的人类活动之中。① 用卡多佐的话说，法律的成长将不仅仅借助于逻辑的力量，也借助历史和社会实践的力量，借助"实在法、被实际遵从的惯例、经济需求和实现正义的渴望"。② 因此，我们不仅仅关心书本中的法律，更关心书本中的法律如何在社会中的具体实现。为此，我们在纸面法律和实际法律运作的两分架构下，研究法律的威慑效果，研究刑事法律案件中的辩诉交易，研究商业行为中的非合同因素，③ 关注法的执行效果，例如中国法院案件的执行效果，④ 其目的就是探寻纸面上的法律与隐藏在纷繁复杂的社会生活之中的规则是如何发生碰撞、融合或者排斥，研究是什么样的机理在影响着法律的运作行为，使它有效或无效，使它发生这样而不是那样的效果。

美国学者庞德指出社会学法学的首要研究对象就是法律制度、法律律令和法律准则所具有的实际的社会效果，研究使法律具有实际效果的手段，并认为这是一种法律功能上审视法律，探究法律如何运作的研究方法。⑤ 同样，法律经济学的一个核心问题就是研究不同的权利配置如何带来不同的法律效果。"对法律经济学家而言，法律效果研究是对经济理论和经验方法的最好运用。他提出并试图回答这样的问题：什么是法律的可能效果？它实现了吗？法律达到了自己的目标了吗？"⑥ 法律效果是与法的运行、法的作用乃至立法活动都是紧密联系的。只有通过对法律实施效果进行评价，才能揭示法发挥作用的实际程度，才能揭示法律在满足社会需要方面的得失，才能揭示法的

---

① ［奥］尤根·埃利希：《法律社会学基本原理》（三），叶名怡、袁震译，九州出版社，2006 年，第 1063～1065 页。

② ［美］本杰明·内森·卡多佐：《法律的生长》，刘培峰、刘骁军译，贵州人民出版社，2003 年，第 52 页。

③ 关于辩诉交易、商业中的合同与非合同关系等有关行动中的法律案例，可参见朱景文：《法社会学》，中国人民大学出版社，2005 年。

④ 唐应茂：《法院执行为什么难——转型国家中的政府、市场与法院》，北京大学出版社，2009 年。

⑤ ［美］罗斯科·庞德：《法理学》（第一卷），邓正来译，中国政法大学出版社，2004 年，第 356～359 页。

⑥ 蒋兆康：《中文版译者序言》，［美］理查德·A·波斯纳：《法律的经济分析》，蒋兆康译，中国大百科全书出版社，1997 年，23 页。

实现过程及立法本身的得失。[①]

　　法律与社会的相互影响是一个历史和实践的事实。社会对法律的影响和法律对社会的影响构成了法律实践的场域。[②] 具体的法律效果都是特定群体在特定场域中行为的结果。无论是弗里德曼提出的以"法律行为"为核心的法律效果理论，[③] 还是布莱克为我们揭示的社会分层、形态、文化、组织性和社会控制与法律效果之间的规律性关系，[④] 还是波斯纳指出的权利的合理配置将促进有效率结果的经济分析理论，[⑤] 都根源于这样一种法律事实，即法律的运作行为将产生各种影响。

　　我们为什么要关注法律效果问题？亚里士多德说，良法之治的条件，一是要有好的法律，二是法律能够得到很好的遵行。法律的良好实施是良法之治的一个必要条件。如果法律的实施效果不佳或者根本没有效果，法律文本的本身可能具有法学理论上的学术价值，但该法律却缺乏现实的规范意义。一个只能"锦衣夜行"的法律文本，其意义和价值有多大？1960 年颁布的《埃塞俄比亚民法典》由比较法学家勒内·达维德在著名的《法国民法典》基础上改进，反映了独立的埃塞俄比亚现代化法律改革的愿望，该法律无论是在立法理念还是立法技术上都堪称典范。但是，该法的实施用一句话可以概括："在 40 年的时间里作为一只无牙的老虎存在"，其效果令人遗憾。[⑥]

　　但是，我们需要考察的是这种法律事实到底是什么？苏力在分析制度的后果时曾指出："因为对社会真正产生影响的是制度运作的实际后果，而不

---

　　① 北京大学法律系法学理论教研室、中国经济体制改革研究所法律室：《法律社会学》，山西人民出版社，1988 年，279～280 页。

　　② 布尔迪厄的场域理论认为场域是一种社会关系结构，是权力和利益的分配结构，任何人希望获得利益，必须按照场域中的规则行动。与场域理论相配套的是惯习理论，所谓惯习是一种社会规则和团队价值的内化，体现为具有文化特色的思维、习惯和行为。任何人都是带着惯习在场域中行动。参见皮埃尔·布迪厄、华康德：《实践与反思：反思社会学导引》，李猛、李康译，中央编译出版社，1998。

　　③ ［美］劳伦斯·M·弗里德曼：《法律制度——从社会科学角度观察》，李琼英、林欣译，中国政法大学出版社，2004 年。

　　④ ［美］唐纳德·J·布莱克：《法律的运作行为》，唐越、苏力译，中国政法大学出版社，2004 年。

　　⑤ ［美］理查德·A·波斯纳：《法律的经济分析》，蒋兆康译，中国大百科全书出版社，2003 年。

　　⑥ 转引自徐国栋：　《埃塞俄比亚民法典：两股改革热情的结晶》，载 http：//www. yadian. cc/paper/18899/，2011 年 2 月 5 日访问。

是设计制度者的意图。……我们必须考察的是，如果运作起来，效果会如何。"① 作为韦伯意义上的社会事实，法律或某一法律制度的影响力始终在社会生活中扮演着重要的角色。例如，1929 年美国国会批准占据萨摩亚群岛的条约中，有一个非同寻常的条款，即任何情况下不得将土地出售给非萨摩亚人的条款。正是这一个法律规则，其法律效果极其深远而有意义，它使得附着于土地之上的萨摩亚原住民的传统文化得以保存下来。19 世纪至 20 世纪初新奥尔良和旧金山征收的资产税，产生的法律后果是当地的住宅形成独一无二的长方形建筑样式，这种建筑样式的唯一目的就是为了避税。② 充满辩证意义的是，社会生活中也一再上演着立法目的与法律结果相背离的矛盾剧。例如美国的禁酒令。1920 年美国的禁酒令不仅没有达到立法目的，反而导致大量的酒类私酿行为以及走私、暴力等有组织犯罪行为的泛滥，其间接效果和未预期的效果明显。③

因此，法律效果研究是连接法律文本与现实世界的桥梁，通过观察法律的实际效果，了解法律的实际运行状况，对理解法律与社会的关系具有重要的参照价值。同时，在现实层面上，法律效果研究也有利于提高立法质量，这也是各国为什么开展立法评估的原因。法律效果的研究主题主要集中在影响法律效果的因素及法律效果的具体内容方面。想解决的问题是，影响法律实施效果的因素是什么？在谈到法律效果问题时，应该从哪些方面来回答？

（二）法律效果理论的总结

1. 不同学者的法律效果理论

（1）帕森斯的功能主义理论

帕森斯把社会行动作为其分析的基础，以功能主义的逻辑与系统分析的方法论，建立的结构功能主义社会学理论，认为个人的社会行动是文化系统、社会系统、人格系统和行为有机体系统之间的相互联系和制约的结果。这里的文化系统是指社会的符号系统，为个人的行动提供共享的价值观基础；社会系统是指不同角色行动者之间相互作用的系统，行动者根据不同的情况进行互动；人格系统是指不同的行动者的需求、动机和态度；行为有机体系统

---

① 参见苏力：《道路通向城市——转型中国的法治》，法律出版社，2004 年，第 176 ~177 页。

② 这些法律效果的案例，转引自 [美] 克密特·L·霍尔：《牛津美国法律百科辞典》，林晓云等译，法律出版社，2008 年，第 466、607 页。

③ 朱景文：《法社会学》，中国人民大学出版社，2005 年，第 329、377 页。

主要是指人与自然之间的联系。这种划分实际上构建了个体在自我、社会关系和社会文化价值这些系统之间如何行动的系统。按照帕森斯的说法，个体的需求倾向通过社会化的过程，对外在的物质客体和共享的文化价值理念加以内化，最终成为社会有机体的一部分。社会化的个体进行的互动活动，受制于意义和价值系统的制约，即文化系统的制约。互动活动的扩大化必然面临资源分配和组织压力的难题，这就涉及社会制度安排、结构设置和功能发挥的问题。也就是说，帕森斯的结构功能主义认为社会系统的结构和功能来源于社会化个体之间的社会互动行为，已经形成的社会系统也同时承担着资源分配和社会个体的型塑功能。制度安排、社会结构的设置以及各种角色形成的"社会角色丛"既来源于个体之间的互动行为，也为个体的互动提供一个现实的平台。①

　　法律是一种重要的社会结构和制度安排。它通过法律内含的社会价值理念，对个体行为进行规诫，通过规范性手段和制裁的威慑作用，对个体行为进行引导和制约，在纠纷解决的过程中，实现了个体行为之间的互动。同时，法律作为一种潜在的经济配置工具，也发挥着社会资源再分配的功能。因此，法律是帕森斯结构功能主义理论的一个极佳研究样本。实际上，在帕森斯结构功能主义的影响下，法社会学的功能分析着眼于规范和制度的法律效力和法律效果分析，即对法律制度实现的目标、产生的利益和对社会带来的影响分析。法社会学分析的对象是法律制度的各种现象、影响、结果之间相互依存的关系。法律制度的功能可以分为规范性功能和社会性功能。法律的规范性功能是指通过义务规范和授权规范产生的不同法律效果来控制人们的行为；法律的社会性功能是指将法律作为控制的一种手段，以实现社会控制的目的，包括通过审判和纠纷调解等手段，来维持社会的秩序，进行资源的分配等等。②

　　（2）庞德的法律效果理论

　　在法社会学领域，庞德明确提出了法律效果研究的重要意义。他认为对法律制度的实际社会效果的研究，是社会学法学家应该坚持的主张。我们不

---

　　① 具体论述参见［美］杰弗里·亚历三大：《社会学二十讲——二战以来的理论发展》，贾春增译，华夏出版社，2000，29～37页。

　　② 具体论述参见季卫东：《从边缘到中心：二十世纪美国的"法与社会"研究运动》《北大法律评论》1999年第2卷第2辑。

应该只注意法律的文本,而应该注意法律文本所规定的法律规则或者法律制度在社会生活中的实际情况。他举例说,对于《德国民法典》中规定的夫妻财产制度,仅仅知道法典规定的五种形式是不够的,真正重要的是研究这些夫妻财产制度在社会生活中的数量关系和存在的具体问题。① 同时,庞德还指出,如何使法律制度具有实效这一研究课题长期被各种法学流派所忽视。分析法学派只关注规则之间的逻辑一致性,历史法学派关注规则的演变过程,哲理法学派把法律的效力归结于抽象正义。这些法学流派的研究无一例外地排除了对法律实际运作行为的思考。社会学法学必须从功能上审视法律,探究法律运作的手段与方式,由此对法律的实效进行研究。② 庞德的法律效果理论主要的贡献在于明确提出了法律效果研究这一主题,并突出其重要意义,其研究还隐含了从"书本中的法"与"行动中的法"的分析性框架中看待法律效果问题,具有启示意义,但其法律效果理论的实际内容较为简单。

(3) 弗里德曼的法律行为理论

劳伦斯·M·弗里德曼对法律效果理论的研究具有开创性的意义。弗里德曼认为:"规则的一个关键职能是指导行为,因此对法律的科学研究的一大目的是要发现法律对行为的影响。"③ 解释法律何时有效,为什么有效成为《法律制度》一书的核心内容。在该书中,弗里德曼采用了"法律行为"这一概念来解释法律对社会产生影响的各种因素。"法律行为"概念是指:"笼统用来指某掌权者如法官、律师、立法者和形形色色的官员在法律制度范围内采取的任何有关行为。"④ 例如,议会通过一项法律是法律行为,法官作的一个司法判决是法律行为,警察的一个执法行为也是法律行为。与庞德一致的是,弗里德曼的法律行为概念是从功能角度理解行动中的法律,把法律行为归结为官员的立法行为、行政行为和司法行为等。"法律行为"效果理论的逻辑是:当法律行为与人们的行为之间有了因果关系的时候,法律行为就

---

① [美] 罗斯科·庞德:《法理学》(第一卷),邓正来译,中国政法大学出版社,2004 年,第 357 页。

② [美] 罗斯科·庞德:《法理学》(第一卷),邓正来译,中国政法大学出版社,2004 年,第 359 页。

③ [美] 劳伦斯·M·弗里德曼:《法律制度——从社会科学角度观察》,李琼英、林欣译,中国政法大学出版社,2004 年,第 52 页。

④ [美] 劳伦斯·M·弗里德曼:《法律制度——从社会科学角度观察》,李琼英、林欣译,中国政法大学出版社,2004 年,第 4 页。

有了效果。法律行为可能引发服从、异常和逃避行为，因此法律行为的效果有积极的也有消极的，人们遵守法律的行为是积极的效果，而不予理睬或违法规定的行为是消极的效果。

法律效果中的因果关系问题很复杂。有些学者在研究法律效果时，提出法律测量的程序包括确定法律作用的特殊对象、研究适应该法律前后的对象的变化以及确定该行为的变化是否确实是由法律的变化而引起三个步骤。其中尤其关键的是如何确定人们行为的变化是由法律规定实施的结果。因为法律作用的结果不仅仅是法律执行的结果，可能是多种因素共同作用的结果。①这符合"过滤理论"的看法："法律效果实际上是经济、文化、政治等因素通过法律执行、法律解释等机制的'过滤'而综合产生的结果，而不可能是法律一个因素作用的结果。"②与"过滤理论"相似，弗里德曼也提出，法律效果中因果关系的核心在于如何知道是规则而不是其他因素影响了行为，应该观察法律规则与社会习惯、道德或其他社会势力在影响法律效果方面的份额是多少。③

弗里德曼认为，法律行为即法律规则对特定目标产生影响，必须满足三个条件：一是规则必须传达给对象；二是对象有做或不做的能力；三是对象有去做的意向。④法律行为要产生影响，首先是要被对象所感知，也就是要予以公布及传播。但是信息传播的有效性受制于传播渠道的有效性，比如广播、电视、官员、法官、律师等传播渠道的性质、覆盖面。法律信息传达给了目标对象，不意味着对象就应该照章办事。对象如何行动不仅受到信息接受者的背景和兴趣的过滤影响，也受到各种因素的影响，这包括法律规范所赋予的奖励和惩罚的影响，道德良心的影响以及弗里德曼称之为"周围的文化和同等地位人集团"的影响。这些可以归结为威慑（中译本翻译为制裁）、规范性行为及群体行为三类不同的影响因素，即弗里德曼的法律行为的理论构架包含威慑理论、规范性行为理论和群体行为理论。威慑包括惩罚也包含奖励，法律的威慑力量对人们的行为动机和意志施加压力；规范性行为包含

---

① 朱景文：《法社会学》，中国人民大学出版社，2005 年，第 378 页。
② 朱景文：《法理学教学参考书》，中国人民大学出版社，2004 年，第 352 页。
③ ［美］劳伦斯·M·弗里德曼：《法律制度——从社会科学角度观察》，李琼英、林欣译，中国政法大学出版社，2004 年，第 59 页。
④ ［美］劳伦斯·M·弗里德曼：《法律制度——从社会科学角度观察》，李琼英、林欣译，中国政法大学出版社，2004 年，第 65 页。

了行为的合道德性和合法性，是人们遵守法律的文化和心理因素，是法律背后的道德和文化背景；群体性是人们的社会性的体现，人们从属于某个家庭、工作单位、宗教组织或者帮派中，受到这些社会集团的影响。①

（4）法律经济学的成本效益理论

西方法律经济学的一个基本理论前提是"理性人"假设。有学者在应用法律经济学观点解释贷款合同诉讼案件中存在的申请执行率高和执行中止率高的现象时，指出这一"理性人"假设不能解释存在于中国执行程序中的不理性行为，而应该从国家核销呆账的财务制度去解释。② 但是，这种对"理性人"假设的理解并不准确。在该学者所述的法院执行案件中的"不理性"的行为，实际上也是很理性的算计行为，是在权衡诉讼成本与国家财务规定的补贴成本的理性行为。因此，"理性人"假设仍然能够解释执行案件中的所谓的"不理性"行为。"理性人"假设真正应该追问的是该假设的前提。该假设的前提立足于具有自由和平等身份的主体之间进行交易。这是西方法律经济学的一个隐含的前提。

从"理性人"假设前提出发，法律经济学的一个基本观点认为权利的合理配置会产生最有效率的结果，因此，法律规则中的不同权利安排方式，将产生不同的法律效果。与权利配置紧密联系的是不同的权利配置所产生的成本与效益差别。科斯认为，如果不存在交易成本，权利的初始分配不影响有效率的结果出现。在存在交易成本的前提下，较优的权利配置是使交易成本的影响最小化的配置。③ 由于现实中的交易通常存在着成本，因此，法律规则对权利的配置，从法律经济学成本效益理论的角度来说，应当寻求一种最有效的配置方式。波斯纳分析了西方普通法体系的财产权，认为在无交易成本的理想状态下，可以转让的排他权的创设是资源得以有效率使用的必要条件。但在有交易成本的情况下，交易成本过高会对权利转让起抑制作用。如果交易成本过高，赋予某人对资源的排他权恰恰会降低效率。典型的如房产交易过程中税契或中介费用过高，会降低房产流通的速度并损害房屋所有人

---

① ［美］劳伦斯·M·弗里德曼：《法律制度——从社会科学角度观察》，李琼英、林欣译，中国政法大学出版社，2004 年，第 73、76、79 页。

② 唐应茂：《法院执行为什么难——转型国家中的政府、市场与法院》，北京大学出版社，2009 年，第 10 页。

③ ［美］A·米切尔·波林斯基：《法和经济学导论》（第三版），郑戈译，法律出版社，2009 年，第 12 页。

的利益。同时,在考虑交易成本的同时,还需要考虑一些外在成本,例如财产权管理成本对效率的影响。① 对科斯交易成本和波斯纳法律经济分析的一项发展是考虑交易过程的对策行为和信息不对称的影响。由于交易双方可能存在的对策行为以及交易双方并不掌握完全信息的情况,权利的设置也容易产生无效率的结果。② 总的来说,根据法律经济学的观点,由于财产所有权意味着排他权和使用的绝对权。法律规则对所有权的合理创设就具有改善效率的意义。不同的所有权配置,将产生不同的法律效果,需要综合考虑所有权创设之后产生的交易成本的高低及交易过程中存在的对策行为和不对称信息的情况来最终决定法律规则的效果。

　　法律经济学试图回答什么是法律的可能效果、法律效果是否实现、法律的目标是否达到等问题,并指出法律经济学在侵权、契约、犯罪等法律效果问题上的研究成果。③ 法律经济学的理论被直接用来解释法律效果问题,主要研究集中在权利的不同配置、成本及效益的不同组合对法律效果的影响。有学者提出,实证经济学的技术最适合研究的领域是法律效果研究或者是效果评估研究。④ 例如,在被经常例举的污染案侵权纠纷中,工厂生产 1 个单位的产品获利润 1000 元,住户因 1 个单位的生产污染损失 100 元。在不存在交易成本的情况下,权利无论如何配置,都不影响最有效率的结果出现。无论是法院判决还是工厂与住户达成协议,工厂的赔偿从 100 元至 1000 元之间,都是对双方有利的结果。但是假设存在交易成本,根据双方是否存在对策行为,是否存在一方或双方信息不对称的不同情况,不同的权利配置方式,会影响损害救济的效率价值。假设权利配置为住户享有清洁权并因此可以申请法院禁止令,由于对策行为的存在,当住户要求的赔偿数额大于工厂赔付的最高限额时,双方的协议实际上难以达成,这时住户将申请工厂停工的禁止令,导致工厂停工这种无效率的结果出现。在这种情况下,克服对策行为

　　① ［美］理查德·A·波斯纳:《法律的经济分析》(上),蒋兆康译,中国大百科全书出版社,2003 年,第 41、43、64 页。
　　② ［美］A·米切尔·波林斯基:《法和经济学导论》,郑戈译,法律出版社,2009 年,第 17 页。
　　③ 具体论述参见［美］理查德·A·波斯纳:《法律的经济分析》(上),中文版译者绪言,中国大百科全书出版社,2003 年,第 21 页。
　　④ ［美］理查德·A·波斯纳:《法律的经济分析》(上),中文版译者绪言,中国大百科全书出版社,2003 年,第 21 页。

的最有效率的方法是选择另外一种适当的权利安排方式。例如法院可以通过允许工厂只生产 1 个单位的产品来避免工厂与住户之间发生谈判费用，并避免对策行为的发生。在信息不对称的情况下，由于法院很难掌握工厂减轻污染的成本，因此，如果采用禁止的救济方式来解决纠纷，为了达到最有效率的结构，法院就必须知道在扣除住户损失之后的工厂利润在哪一点上能达到最大化，而恰恰是这一点最难以确定，因此法院可以采取授权性赔偿性救济方法，授权工厂在一定产量以下的生产不负赔偿责任，从而使工厂自动选择有效率的生产。[①] 这个例子说明，法律对权利的不同配置，导致当事人双方不同的责任负担，提高或者降低了行为的成本。波斯纳法律经济学在犯罪领域的法律效果研究主要集中在死刑威慑力的实证研究上，这一研究的成果将在威慑理论中阐述。

2. 专门的理论框架

（1）威慑理论（Deterrence Theory）

威慑理论是法社会学和法经济学微观研究领域中的重要的法律效果理论，它的应用主要体现在对犯罪威慑效果的研究上。古典犯罪学派代表人物贝卡利亚和边沁都探讨过惩罚与犯罪的关系。他们从趋利避害的功利主义思想出发，认为犯罪行为也是追求快乐避免痛苦的行为，因此如果要减少犯罪，必须增加犯罪的痛苦或成本，也就是通过刑罚的目的，达到阻止犯罪的效果。[②] 贝卡利亚和边沁的犯罪威慑理论仅仅是从定性上指出了惩罚与犯罪之间的关系，更加精确的研究由贝克尔做出。贝克尔在《人类行为的经济分析》中使用了经济分析方法分析了惩罚和犯罪的问题。贝克尔分析了最优的惩罚可能性和严厉程度对犯罪的影响，认为无论是提高惩罚概率还是提高惩罚严厉程度，都能够减少犯罪。[③] 波斯纳对刑法的威慑理论进行了研究，认为罪犯是一个理性计算者，犯罪是一种成本效益权衡的行为，当犯罪人对他的预期收益超过其预期成本，就会实施犯罪。因此，一旦犯罪的预期处罚成本确定，就有必要选择结合刑罚概率和惩罚严厉度的组合，使得预期处罚成本高于犯

---

① 参见 A·米切尔·波林斯基：《法和经济学导论》，郑戈译，法律出版社，2009 年，第 16～22 页。

② 陈屹立、陈刚：《威慑效应的理论与实证研究：过去、现在与未来》，《制度经济学研究》2009 年第 3 期，第 169～186 页。

③ ［美］加里·S·贝克尔：《人类行为的经济分析》，王业宇、陈琪译，格致出版社·上海三联书店·上海人民出版社，2008 年。

罪的预期收益。但波斯纳也指出对于偶然或意外犯罪，刑罚并没有威慑力。①弗里德曼提出了一种威慑曲线（或译为制止曲线、制裁曲线）的理论，认为在威慑与被威慑的行为之间存在着一种符合边际效应的曲线关系。即随着威慑的程度提高，被威慑的行为会呈现一种曲线下降的趋势，最后威慑的曲线将会变平。变平的曲线意味着无论如何增加威慑力度，威慑的效果将保持一个稳定的值。② 在贝克尔之后，对威慑理论的研究主要集中在实证研究上，例如对监禁刑、罚金、死刑、法律法规、警察制度的威慑效果研究。③

威慑理论中的典型例子是对死刑效果的研究。在死刑威慑力研究的早期，美国社会学家的研究结论是："无论是法律或者实际上的死刑存在都没有影响谋杀率"。但是到 20 世纪 70 年代早期，某些社会学家对这种结论进行了质疑，认为粗略的谋杀率并不能反映威慑的效果。他们采用多元回归的统计方法来研究死刑对谋杀率的影响。用这种方法，研究者寻求在谋杀率的变化中，有多少可观察到的变化是由于死刑或实际执行死刑的存在。这方面的一个例子是埃利希（Ehrlich）的研究，他用多变量分析和计量经济方法，使用美国 1933～1970 年间的谋杀率数据分析了死刑执行对谋杀率的可能影响。艾利希控制了几个变量，包括失业率、年龄分布和人均收入，通过分析，艾利希认为死刑的执行确实有威慑效果：每个死刑的执行，将阻止 7～8 个潜在的谋杀。艾利希的研究引起了很大反响，这是少数几个支持威慑理论的研究，许多研究者用各种方法验证艾利希的分析。但是，实证研究的结果，常常得出与艾利希研究的相反结论。例如，Colin. Loftin 控制了贫穷、教育、家庭结构等社会经济变量，没有发现支持威慑理论的证据。N. Brier 和 S. Fienberg 使用计量经济学方法检验了威慑效果，认为艾利希 1975 年的研究不能为证据所支持。近年来甚至出现了一些支持"反威慑"效果的证据。Willion Bowers 和 Glen Pierce 对 1907～1963 年纽约的每月谋杀率进行了研究，发现死刑执行的当月平均增加两起谋杀。William Bailey 对几个具有相似恶性袭击率的保留死

① ［美］理查德·A·波斯纳：《法律的经济分析》，蒋兆康译，中国大百科全书出版社，1997 年，第 292、295 页。

② ［美］劳伦斯·M·弗里德曼：《法律制度——从社会科学角度观察》，李琼英、林欣译，中国政法大学出版社，2004 年。

③ 陈屹立、陈刚：《威慑效应的理论与实证研究：过去、现在与未来》，《制度经济学研究》2009 年第 3 期，第 169～186 页。

刑和废除死刑的州之间进行了对比研究，得出的结论是保留死刑的州谋杀率要比废除死刑的州高。[①]

　　Dane Archer 等人对混乱而又复杂的死刑威慑理论归纳了七种观点。一、对仅仅是保留死刑罪名还是实际执行死刑的争论：有人认为仅仅只要在法律条文中保留死刑的罪名，就足于威慑犯罪；有人认为只有实际执行死刑，才能产生威慑作用。二、惩罚的严厉性、确定性和及时性的争论：惩罚的严厉程度、确定程度和及时程度不同，威慑效果不同。争论在于，惩罚越严厉，是否威慑效果更大？惩罚越明确，是否威慑效果更大？以及逮捕和惩罚之间的时间长短是否影响威慑效果？三、法律惩罚被认知的程度：有人认为，如果犯罪者要衡量犯罪的成本，那么他们首先要了解死刑等国家的法律惩罚制度，因此，法律是否被周知，是影响威慑效果的一个重要方面。但有人认为，只要人们模糊地知道死刑的存在就足以产生威慑效果。四、对于设置有死刑的刑法是否是理性法的争论：有人认为，由于激情犯罪等非预谋性犯罪的存在，死刑的威慑力趋向于零，因此以死刑来威慑犯罪并不是理性的立法。五、一般威慑和特殊威慑：一般威慑是指用惩罚来威慑个人的犯罪行为，对于已犯罪者没有效果，特殊威慑是指用惩罚来阻止已犯罪者再犯罪，人们主要关注的是一般威慑的效果。六、犯罪率和惩罚的相互影响：对威慑理论的系统研究必须考虑犯罪率和惩罚之间的相互影响，例如，犯罪率的上升将加重法律系统的负担，从而降低惩罚罪犯的效率，其结果是不论成文法如何规定惩罚，犯罪率的上升都将带来惩罚威慑力的下降。七、道德伦理思想对威慑效果的影响：许多死刑威慑的争论都建立在科学数据的基础上，但是，不可忽视道德伦理思想的影响。Gelles 和 Straus 的研究表明，人们对死刑的支持更多反映的是一种报应理念，也就是说，人们支持死刑，不是因为相信死刑能阻止犯罪，而是认为罪犯罪有应得，应该处以极刑。[②]

---

　　① 　Dane Archer, Rosemary Gartner, and Marc Beittel：*Homicide and the Death Penalty：A Cross – National Test of a Deterrence Hypothes* is in Law & Society Readings on the Social Study of Law edited by Stewart Macaulay, Lawrence M. Friedman and John Stookey, w. w. NORTON & COMPANY Newyork, London, 1995, p428。

　　② 　Dane Archer, Rosemary Gartner, and Marc Beittel：*Homicide and the Death Penalty：A Cross – National Test of a Deterrence Hypothesis* in Law & Society Readings on the Social Study of Law edited by Stewart Macaulay, Lawrence M. Friedman and John Stookey, w. w. NORTON & COMPANY New York, London, 1995, p424 ~ 426.

（2）"目的—效果"理论

"对法律效果进行测量要看法律作用的结果是否能达到法律所预期的目标，这就涉及任何确定立法者的目标问题。"① 人们常常以行为是否符合法律规范的目的或意图来衡量法律的效果。法律规范还有直接目标和间接目标，因此法律效果就有直接效果和间接效果。而间接效果有正面效果也有负面的效果，甚至还会产生一些未预期的效果。

大多数法律制定的目的是为了社会控制，因此是手段性的法律，需要执行来实现，但有些法律制定的目的并不是为了执行，而是为了代表国家对某种行为的态度，象征民众对某种社会理想和规则的肯定。② 我们国家宪法中的大多数条文，其象征意义大于实践意义。某些具体法律也有这种现象。婚姻法中关于婚姻自由、男女平等的条文主要是象征性的。由于象征性法律的可执行性和可诉性不强，对这类法律或者法律规范的效果进行衡量是很困难的，但是象征性法律作为法律体系中的重要组成部分，其法律效果仍然是存在的，而且正因为其象征性而具有重要的社会意义。对象征性法律的效果衡量可以借助关联性法律的实施情况来检验。例如对婚姻法中婚姻自由这一法律条文效果的评价，可以从刑法中"暴力干涉婚姻自由罪"这一关联性法律条文的实施情况看婚姻自由这一条文的效果。也可以从一般的社会效果意义上，描述其法律效果。

弗里德曼认为，"目的—效果"理论虽有道理，但对法律效果的分析意义并不明显。③ 首先目的是一个很难处理的概念，立法者的用意难以确定。立法用意会随着时代变化而呈现出多样化的理解，典型的如美国宪法修正案的变迁。更重要的是，同一个法律规范背后可能具有多层次的目的，例如交通法中红绿灯的规定，既具有防止事故发生的目的，也具有维持交通秩序的目的。目的之间甚至会出现大相径庭的情况，例如被经常引用的18世纪英国禁止雇佣童工法的例子表明，该法律的表面目的是打击招收童工行为，使儿童能够接受教育，但其潜在的目的却是通过打击中小企业主以保护大企业的

---

① 朱景文：《法社会学》，中国人民大学出版社，2005年，第377页。
② ［美］劳伦斯·M·弗里德曼：《法律制度——从社会科学角度观察》，李琼英、林欣译，中国政法大学出版社，2004年，第58页。
③ ［美］劳伦斯·M·弗里德曼：《法律制度——从社会科学角度观察》，李琼英、林欣译，中国政法大学出版社，2004年，第56页。

垄断地位。①

（3）法律效果评估

法律效果评估，又称为"法律绩效评估""立法后评估"等。法律效果评估的特点在于强调法律实施后的效果评估。国内外对法律实施效果的实践主要体现在立法后评估上。德国从 20 世纪 70 年代就开始启动立法效果评估活动，到 2001 年，德国联邦政府通过发布《立法效果评估手册》建立起了整个政府系统的立法后评估制度。20 世纪 80 年代美国开展绩效改革实践。英国立法后评估制度的建立前后用了 10 多年的时间。日本立法后评估制度从 20 世纪 90 年代初开始探索，用了约 10 年的时间实现了所有部门与行业立法后评估。德国《立法效果评估手册》将立法效果评估分为三类，先行立法效果评估、跟踪立法效果评估和事后立法效果评估。其中先行立法效果评估针对的是立法前的准备阶段，对规范的各种可能性规范进行审核，跟踪立法效果评估针对的是立法过程中草案的审核。与法律实施效果最有关系的是事后立法效果评估过程。这是指针对已生效的法规进行回顾性效果评估的程序。这种评估要完成的核心任务是考察生效法规实现法律目标的程度，生效法规产生的效应和副作用，并确定及提出修订建议。② 法律效果评估在我国则体现在地方政府规章的绩效评估活动。国内从 2000 年开始进行立法后评估。山东、北京、甘肃、重庆、云南、海南、湖南、江西、福建、浙江、上海等省市都进行了立法后评估工作。③

全国人大的执法检查工作，严格来说不属于立法效果评估，主要区别在于执法检查侧重检查法规实施的条件、薄弱环节和执法情况，而立法后评估包括立法前评估、立法中评估和立法后评估，并侧重评价法律的实施效果。但执法检查工作的主要目的也是为了评估法律的实施效果。全国人大常委会在 2000 左右开始进行执法检查工作，分别对大约 30 多个法律进行执法检查，形成了执法检查报告，其中对一些法律进行过多次的反复检查，以检查法律的实施效果。例如，分别于 1991 年和 2008 年对义务教育法的实施情况进行了执法检查，分别于 2003 年和 2008 年对未成年人保护法的实施情况进行了

---

① 朱景文：《法社会学》，中国人民大学出版社，2005 年，第 378 页。

② 吴浩、李向东：《国外规制影响分析制度》，中国法制出版社，2010 年。

③ 沈国明、史建三、吴天昊：《在规则与现实之间——上海市地方立法后评估报告》，上海人民出版社，2009 年。

执法检查。地方人大也常常开展执法检查工作。

我国的立法评估理论研究工作还处于起步阶段，实践中也没有建立统一的立法评估程序和体系，尤其是没有建立统一的评估指标体系。各地方的立法评估指标体系都是在逐步探索过程中。有的采用法理性、技术性、实践性和实效性标准；有的采取合法性、合理性、技术性和实践性标准；还有的采取合法性、针对性和操作性标准。① 在 2010 年 4 月 7 日至 9 日全国规范性文件备案审查和立法后评估工作研讨会上，与会专家也提出了这些问题，认为我国尚未建立统一的立法后评估制度，关于评估的理论研究也还处于起步阶段。

3. 国内外的一些具体研究成果

国内的法理学教材将法律效果定位为法律调整的效果，即法发挥作用的结果，表现为法的作用结果和制定该法律规范时所要达到的目的的对比关系。② 这一定义将法律效果与法的作用和立法目的或规范的具体目的联系在一起，侧重于法对社会生活的影响。法的作用包含了法的规范作用与法的社会作用。具体来说，法的规范作用体现为法的专门法律作用和职能，包括法的评价、指引、教育、预防和制裁的作用。法的规范作用通过法律规范所蕴含的权利义务关系调整社会关系。法律效果就是法的规范作用和社会作用的结果或影响。③

从法社会学角度来说，费孝通先生的《乡土中国》将法律的效果问题放在中国社会结构特质的背景上，放在中国被动进入近现代化的这一进程中来理解，是从实践角度对法律效果背景的研究。④ 朱苏力认为对社会真正产生影响的是制度运作的实际后果，而不是制度设计者的意图，在中国的司法实践中，更应当注重制度的实际运行后果。⑤ 郑永流提出法的有效性与有效的法的区分问题。认为法的有效性可以从三个方面来理解，社会学的有效性，指法被人们自愿遵守的程度，这个概念强调法对社会生活的实际作用和影响。

① 郑文金：《立法后评估探讨——全国人大常委会立法后评估研讨会观点综述》，《理论探讨》2008 年第 9 期，第 12～13 页。
② 参见孙国华、朱景文：《法理学》，中国人民大学出版社，1999 年，第 234 页。
③ 参见孙国华、朱景文：《法理学》，中国人民大学出版社，1999 年，第 54 页；张文显：《法理学》，法律出版社，1997 年，第 206 页。
④ 费孝通：《乡土中国 生育制度》，北京大学出版社，2003 年，第 54～58 页。
⑤ 苏力：《道路通向城市——转型中国的法治》，法律出版社，2004 年，第 177 页。

伦理学意义的有效性，强调的是规范内容的正确性。法律教义学的有效性，又称法的逻辑有效性，强调规范制定的合法性和合理性。法的社会学意义上的有效性，可以通过经验测量的方式来检验。① 郑永流还对当代中国各种法不被实际遵从的原因进行了分析，认为法律的不服从，直观看上去是没有建立起对法的信仰，实则因为民众对支撑它们的各种权力缺乏足够的认同、信任和忠诚感。因此，考察中国法之实效有失，必须联系中国正在进行现代化这个最大的实际。必须认识到现代化产生不稳定或权威缺失的一般机理。②

　　法律效果与社会效果的关系，是国内法律效果实践与理论讨论的一个重点。我国在法律适用的实践中提出了"法律效果与社会效果统一"的政策性规定，要求"人民法院在坚持依法办案的同时，必须综合考虑各种社会因素，妥善解决矛盾纠纷，努力实现法律效果和社会效果的统一"。③ 也就是要求法律适用过程中注重社会需求、社会正义和社会后果，即将社会因素纳入法律适用过程。法律效果意味着按照法律规范进行法律适用，而社会效果则要求法律适用过程要有事件具体情境和社会主流价值的考量，实际上属于自由裁量的范围。从法的规范角度来说，法律效果和社会效果是有区别的，两者的评价标准并不一样，有时符合法律的规范的判决并不一定符合社会民众的道德标准。但从法与社会的关系角度来说，社会效果也是法律效果的组成部分。④ "社会效果主要包含两方面内容：一是客观的方面，即审判活动修复被破坏的社会关系，实现法的实质正义；二是主观的方面，即审判活动符合社会民众的普遍正义观，要得到社会民众的认同。"⑤ 社会效果与法律效果的内涵并没有本质的不同，具体案件的社会效果体现在法律的关系修复性上，表现为当事人双方公平正义的实现，这也是法律规范所蕴含的正义价值的体现。按照正义理念设计的法律规则，其法律适用的结果也是为了实现良好的社会效果。

---

　　① 郑永流：《转型中国的实践法律观》，中国法制出版社，2009 年，第 89 页。

　　② 郑永流：《转型中国的实践法律观》，中国法制出版社，2009 年，第 89 页。

　　③ 奚晓明：《努力实现法律效果与社会效果的统一》，《人民法院报》2008 年 9 月 23 日。

　　④ 孔祥俊：《论法律效果与社会效果的统一——一项基本司法政策的法理分析》，《法律适用》2005 年第 1 期，第 26~31 页。

　　⑤ 何永宏：《论法律效果与社会效果的冲突与统一——以刑事审判活动为视角》，《江苏警官学院学报》2009 年第 6 期，第 19~24 页。

从某种程度上来说，法律效果与社会效果的相统一的政策，实际上使非法律因素能够进入法律规范的适用过程。由于适用法律规范的同时要对不同的价值进行考量，法律效果与社会效果必然会有冲突的，这尤其体现在适用某些滞后于社会现象或具有较大空缺性的法律规范时。例如许霆盗窃案，法律对本应轻罪的行为却规定了较重的刑罚，并因此造成法律效果和社会效果的紧张关系。① 社会现象的复杂性，也在某种程度上降低了法律规范的包容性，例如长期受被害人欺压，反抗杀人的自力救济行为；案件事实和民众所感知的社会事实之间的差异，也对法律效果和社会效果之间的紧张关系有影响。案件事实要经过法律规范的裁剪以及证据的证明过程，与社会民众主要依据道德规范来选择案件事实的过程是不同的。许多案件产生较大社会影响，其原因主要是在两种事实判断上的紧张关系造成的。法律效果与社会效果的统一的实现，因为涉及法律和道德的不同价值判断，实现的标准较难确定，必须坚持在法律的框架内最大限度实现社会效果，包括自有裁量权的合理运用。

法律效果研究的重心在具体法律制度的效果研究。例如对行政法实施效果的研究，对行政法涉及的政府、行政相对人及法院在行政法实施过程中的利益博弈和运行机制进行了分析。② 对《劳动合同法》实施效果的调查和研究。对证券违法惩戒实效的研究和制度成本的分析。③ 对听证制度法律效果的研究，认为立法听证的效果是与立法的科学性与民主性的目的密切联系的，指出立法听证效果的定量化分析的可行性在于程序性机制的可分解因素。④

国外对法律效果的研究主要集中在法社会学和法经济学两个领域，同样重点也是集中在对具体法律制度效果的实证研究上。例如，对美国《航空与运输安全法》（ASTA）的实施效果研究，主要着眼于乘客人身及行李两项安全检查措施对航空业及客流量的影响。Garrick Blalock 等人对 1999～2003 年

---

① 何永宏：《论法律效果与社会效果的冲突与统一——以刑事审判活动为视角》，《江苏警官学院学报》2009 年第 6 期，第 19～24 页。

② 王霁霞：《行政法实施效果研究——以行为主体的利益选择为视角》（非出版物），中国政法大学 2008 年博士学位论文。

③ 白建军：《法律实证研究方法》，北京大学出版社，2008 年，第 235 页。

④ 朱力宇、孙晓东：《立法听证效果评估研究》，《"法律与发展的中国经验"国际学术会议论文集》Ⅱ（非出版物），2008 年 5 月 10～11 日，中国人民大学法律与全球化研究中心。

美国航班的客流量数据进行对比分析，得出新法后实行的行李安检措施约降低 6% 的航空客流量，但人身安检措施对客流量影响很小的结论。同时，Garrick Blalock 的文章也指出，严格的安检措施等级的提升，对乘客的航空需求实际上也具有刺激作用。① 《法律是如何改变人们的环境意识：关于法律规范对道德感和法律实施的影响》这篇文章基于以色列 1400 人的样本，分析的是在环境法领域，不同的法律手段（legal instrument）是如何影响了人们的道德感和进行环境保护的意愿。这些法律手段包括传统的控制手段、市场调控机制及自我管理手段三种类型。② 此外，还有法律对酒后驾驶行为的规制效果研究，③ 警力的配备对犯罪率的影响研究等。④

五、本文选取的理论框架

本文主要是选取了两个法律效果理论来分析问题。第一是法律经济学的成本效益理论，主要用来研究文物投入的成本与社会经济效益的产出之间的关系，该理论主要用在本文的第二章，用来分析文物保护成本投入的有效性问题。第二是弗里德曼的法律威慑效果理论，主要用在本文的第四章，以弗里德曼的威慑理论来解释文物安全防范的问题，指出威慑手段具有有限性的特点。此外，在对法律实施效果的历史原因分析上，还借助了黄宗智提出的"实践历史"理论。

六、研究方法及材料来源

本文主要使用了三种方法：历史分析的方法，社会调查及统计分析的方法以及人类学的田野访谈和个案研究方法。

---

① Garrick Blalock, Vrinda Kadiyali. November 2007. Daniel H. Simon *The Impact of Post -9/11 Airport Security Measures on the Demand for Air Travel*. The Journal of LAW & ECONOMICS. Volume 50, Number 4, pp. 736。

② Yuval Feldman and Oren Perez. December 2009. *How Law Changes the Environmental Mind: An Experimental Study of the Effect of Legal Norms on Moral Perceptions and Civic Enforcement*. The Journal of LAW & ECONOMICS. Volume 36, Nnumber 4, pp. 501。

③ H. Laurence Ross . *Interrupted Time Series of Deterrence of Drinking and Driving*, in John Hagan (ed.) *Deterrence Reconsidered: Methodological Innovations* . Beverly Hills: Sage Publications, 1982。

④ Ming－Jen Lin: *More police, less crime: Evidence from Us state data*, International Review of Law and Econimics, volume 29, Issue 2, June 2009.

（一）历史分析的方法

主要通过对文物保护的实践和规则演变的逻辑进行历时性的分析，指出中国文物保护法的效果研究，首先要从文物保护的实践历史角度来理解。使用的材料主要是国家文物局编写的《中国文化遗产事业法规文件汇编（1949～2009）》。

（二）社会调查及统计分析的方法

主要使用1996～2015年文化部计划财务司编辑的《中国文化文物统计年鉴》，对其中的文物保护单位、博物馆的统计数据进行成本和效益分析。使用SPSS统计软件对某些数据进行相关分析和回归分析。

（三）人类学的田野访谈和个案研究方法

通过对山西某市县乡村的一系列实地观察和访谈，得出对文物保护意识及实际运行状况的认识。应用了扩展个案的研究方法，以文物保护法的法律效果研究为例，试图对法律效果这一问题得出规律性的观点。

七、创新性

本书的创新内容主要有两个方面：

1. 从实施效果角度考察文物保护法在中国的实施程度，以问题意识为中心，重点分析了文物国家所有权的配置效果、文物保护与经济建设关系、文物违法犯罪的执法威慑力度等三个方面，较为完整地反映了中国文物保护的现状、存在的主要问题，并从历史路径选择、文物保护法律意识、执法结构等方面探讨了影响文物保护法实施效果的制度及现实因素。本文的研究内容及思路有助于认识当前文物保护效果不佳的法律和社会因素，有助于对文物保护法的修订和完善，从而为提高中国文物保护的有效性提供有价值的借鉴，具有一定的现实意义和实践价值。

2. 以文物保护法实施效果作为个案研究，对法律效果问题进行法理学和法社会学的思考，指出法律效果问题与历史实践的关系、与法律制度设计和权利配置方式的关系、与法律实施的支撑结构的关系、与法律惩罚的力度的关系，较为全面地指出了与法律效果有关联的各类因素，具有一定的法学理论参考价值。

第一章 路径的选择：根源于中国治理实践的文物保护体制①

本章是理解《文物保护法》实施效果的背景和前提。本章主要阐述一个问题：《文物保护法》对现行文物保护管理体制和文物保护制度的选择，来源于中国传统的以行政逻辑为核心的治理实践，是对历史形成的文物保护实践的总结和确认。只有通过历史的回顾和分析，才能理解中国现行文物保护和管理机制的形成基础，从而理解《文物保护法》在当下的文物保护实践中扮演的角色，所产生的实际效果。

本文的思路建立在一个基本判断上：按照美国法律史学家黄宗智教授提出的"实践历史"的理论视角，中国文物保护制度的演变过程，是在回应当时的历史情境，解决当时的历史难题当中逐渐形成的，实际上是一种虽然有借鉴但主要是生发于中国文物保护具体实践的总结，因此，中国的文物保护实践，不是在规则的指引下进行保护，而是在保护实践中确立规则，其根源在于中国历史上形成的偏重经验与应用但又不忽略抽象概念的独特治理实践。从文物保护的实践来看，正是这种治理实践，使中国的文物保护体制具有了较为强烈的行政管理色彩，文物的各种具体保护制度和立法设计也与这一特点紧密相关。这种实践逻辑形成之后，影响着文物保护的路径选择和法律的构建。因此，从这种视角出发，我们对于《文物保护法》的各项规定就有了基本的理解。《文物保护法》的实施效果研究，首先要从文物保护的实践过程和规则演变过程来理解。

一、文物保护历程的"实践历史"视角

黄宗智从研究清代法律的表达与实践过程出发，认为中国传统法律与西方形式主义法律不一样的特征在于前者将抽象概念蕴含于具体实例中，体现

---

① 本章的部分研究成果经整理后已发表于《中国国家博物馆馆刊》2011年第6期，第138~149页。

了中国治理实践中偏重经验与应用但又不忽略抽象概念的独特思路，为此，他提出了"实践历史"这一理解中国传统法律与中国治理实践的研究方法。[①] 黄宗智的"实践"概念是一种相近但不同于毛泽东实践论中的实际应用意义上的实践，主要指的是历史主体的行动。"实践历史"研究方法试图打破清末以来中国法律传统与当前的现实完全隔离的状况，从历史实际的视野理解并连接中国法律的三大传统，即古代法律传统、毛泽东时代的现代革命法律传统以及西方移植的法律传统，建立起对中国法律史的真正认识。例如，对中国离婚法实践中形成的"感情破裂"标准，从"实践历史"的角度看，可以看作是中国共产党处理离婚案件的实践标准，对比"婚姻自由"的抽象标准，其迥异的思维方式正体现了中国共产党政府重视实践的治理逻辑。[②] 实践历史立足于法律的实践和运作，反映了中国人连接经验与理论的独特思维方式，是一种连接过去与现在的研究进路，对我们理解文物保护法律规则的历史演进和实践逻辑具有理论的指导意义。

在实践历史的关照下，探寻中国的治理逻辑，我们将发现，无论是被动性回应还是主动进行保护，中国文物保护的思路一直深深地镶嵌于中国长期以来注重经验和实用的治理实践之中，从而形成具有特色的文物管理制度。我们可以追问，为什么我们形成的是文物保护单位制度而不是其他保护制度？为什么我们的文物保护方针经历了1960年、1987年以及2002年的转变？[③] 文物的环境保护及完整性保护理念如何演变为历史文化名城、名镇、名村制度？在西方文化遗产保护理念下，我们的文物保护如何向文化遗产保护转变？这些文物保护的规则演变和实践逻辑的变化可以用多种研究方法来解释。从实践历史的角度看，这些问题都是中国的文物保护事业按照历史形成的治理逻辑，在回应当时的历史情境，解决当时的历史难题当中逐渐探索形成的。

---

① ［美］黄宗智：《过去和现在——中国民事法律实践的探索》，法律出版社，2009年，第8~9页。

② ［美］黄宗智：《过去和现在——中国民事法律实践的探索》，法律出版社，2009年，第5、12页。

③ 1960年确立了"重点保护、重点发掘，既对基本建设有利，又对文物保护有利"的文物保护方针，即"两重两利"方针；1987年强调文物保护要"加强保护、改善管理、搞好改革，充分发挥文物的作用，继承和发扬民族优秀的文化传统，为社会主义服务，为人民服务，为建设具有中国特色的社会主义作出贡献"；2002年修订《文物保护法》明确规定的"保护为主、抢救第一、合理利用、加强管理"的保护方针。参见国家文物局：《中国文物事业60年》，文物出版社，2009年，第1~9页。

中国的文物保护规则的演变，走的是一条边探索边建设的道路，尤其是在文物保护的早期，并不是在规则的指引下进行保护，而是在保护中确立规则。这其中，有对各种实践经验的吸收和利用，包括对苏联文物保护经验、现代西方文化遗产管理经验的借鉴，但主要是生发于中国文物保护实践做法的总结，例如行政逻辑主导下的文物保护历程及规则演变。

二、行政逻辑主导下的文物保护体制的形成

各国的文物（文化遗产）保护制度大多以国家保护为主要形式，通常包含有法律制度、行政管理制度、资金保障制度等基本内容。但各国的文化遗产保护制度并不是孤立的制度建设与保护实践，往往要与本国的政治、经济、文化及管理体制的特点相结合，最终形成自己的文化遗产保护特色。例如，英国的文化遗产法律保护体系以国家立法为核心，法国的法律保护体系由完善的国家立法和灵活的地方立法组成，日本的法律保护体系采取重点遗址国家保护和其他遗址地方保护的做法。中国的文物保护法律体系采取的是国家立法和地方立法相结合的方式，但法律层次的立法不足，大量的法规文件以国务院、相关部委及地方政府颁发的规范性文件为主，这些文件的特点是立法程序不足，规范性不强，带有较为强烈的政策性，反映出我们国家的文物保护工作更多地依赖于行政管理。① 形成这种法律体系特点的一个重要因素在于，中国的文物保护制度是在国家立法和地方立法的体制构架下，采取了以国家行政力量为主导，从上往下推动文物保护工作的方式。这种以行政逻辑主导文物保护工作的经验和思路，根源于中国传统的偏重实践与应用的国家治理思路，来源于从民国时期及陕甘宁边区就已经开始的政府主导型的文物保护实践。

（一）民国时期形成的文物的国家保护框架

民国时期的文物保护实践包括立法保护、开展文物调查、成立专门的中央古物保管委员会、建立博物馆等专门的文物保护机构、加强海关缉私工作、打击文物盗掘倒卖犯罪等，其中一个重要特点就是从文物法规的制定到文物保护的实践，基本上是国家政府行为。例如 1912 年在国子监筹备成立"国立历史博物馆筹备处"。1925 年成立故宫博物院，1928 年设立全国性的政府文

---

① 具体分析参见王林：《中外历史文化遗产保护制度比较》，《城市规划》2000 年第 4 期，第 49～61 页。

物管理机构，在南京、北京、西安、洛阳以及抗战期间的西部诸省重点开展文物调查保护工作。民国时期文物保护实践在当时内忧外患不断的政治经济形势下，尽管在某些文物遗产的保护及考古发掘队伍的建设上取得了一定的成绩，但总体来说，民国时期文物保护的法令形同虚设，一系列保护措施的执行效果难如人意，文物保护工作取得的实际效果是有限的。[①] 不过，有一个成绩是不可否认的，即起步阶段的文物保护工作就形成了立法保护、机构保护、考古保护、打击文物犯罪的综合保护格局，实际上构建了文物保护的基本框架。1949 年中华人民共和国成立之后，抛弃了国民党政权的六法全书，因此，不能说新中国之后文物保护的基本框架是继承或延续了民国时期的做法，但由于新政权在文物保护上面临的一些实践问题上，例如对不可移动文物的保护，对文物走私犯罪的打击，对考古调查发掘的规范，所面临和需要解决的实际问题与民国时代具有相似性，因而，从 1949 年后中华人民共和国文物保护工作的框架中可以看出民国时期文物保护基本架构的影响。

（二）中国共产党早期的文物保护实践

中国共产党的文物保护实践从中央苏区就已开始，主要表现在对革命文物的保存上。1932 年 1 月中央苏区通过的《关于中国工农红军优待条例决议》中规定红军的机关或政府应收集红军战士的遗物并在革命历史博物馆中陈列。1933 年 5 月还成立了中央革命博物馆筹备处，开展革命文物的征集工作。[②] 红军政权至陕甘宁边区后，又进一步丰富了保护内容，具体包括对红军长征文物的征集保存工作，对边区范围内古代历史文物的保护工作，筹建纪念馆陈列馆等。[③] 陕甘宁边区的一些文物保护实践，在当时的历史环境下，具有较为强烈的意识形态特点，强调文物保护为政治、经济形势服务，强调文物的宣传教育作用，从历时性的角度来看，为新中国建立后的一些文物保护做法提供了现成的思路和经验。例如对革命文物收藏和保存工作的重视，对基本建设与文物保护关系的探索，对博物馆纪念馆及陈列展览社会效果的认识。尤其值得注意的一个历史实践是，陕甘宁边区的文物保护工作批判地

---

① 具体参见马树华：《民国政府文物保护评析》，《文博》2004 年第 4 期，第 81 ~ 87页。

② 鲜乔蓥：《根据地及解放区文物保护之鉴》，《文史哲》2010 年第 5 期，第 224 ~ 225 页。

③ 具体参见刘建美：《陕甘宁边区文物保护工作述析》，《延安大学学报（社科版）》2010 年第 2 期，第 51 ~ 57 页。

继承了民国以来的文物保护的做法，将文物保护工作纳入政府教育体系之中，由边区政府的教育厅具体负责文物保护，同时规定中共中央宣传部负责文物的宣传工作，① 因此初步建立起文教行政部门与党的宣传部门共同实施文物保护的体制架构。解放战争期间，中国共产党政权重视对文物古迹的保护，1946 年下发了《关于注意爱护古迹的指示》，1947 年下发了《关于禁止毁坏古书、古迹的指示》，尤其具有重要意义的是，在土地改革期间，各解放区建立起专门的文物管理机构，进行文物保护工作，例如 1948 年 4 月成立胶东文物管理委员会、东北文物管理委员会，1948 年 9 月成立山东古代文物管理委员会等。② 这一历史实践为新中国在各地成立文物保护的专门机构提供了现成的经验和做法，对新中国以行政逻辑主导文物保护工作的思路影响至深。陕甘宁边区及解放区土地改革时期的做法实为新中国文物保护行政管理体制的历史起点。

（三）1949 年后单位制度下的文物保护历程

有研究报告将 1949 年后中国文物保护（管理）体制的发展（同时体现为文物事业的法制历程）归纳为三个时期：第一时期为 1949～1981 年的传统管理期。这一时期的文物保护（管理）体制具有鲜明的计划经济特点，文物的保护体制围绕文物概念展开，以封闭性保护和技术管理为主要方式，文物保护（管理）体制以非营利性的行政管理为绝对主体，形成了公有制基础上的行政部门与层级相结合的属地化的委托代理制度，其典型的法制体现为1961 年的《文物保护管理暂行条例》的颁布。这一时期是文物保护的法制化和规范化的起步阶段；第二时期是 1982～2002 年的转型过渡期。这一时期的文物保护（管理）体制兼具计划经济和市场经济体制的特点，反映了市场化改革过程中文物事业向文化遗产事业的转型以及文物管理体制从封闭型保护向开放型保护的转变过程，体现在文物保护（管理）体制方面，在继续强化行政管理的主体地位的同时，为了探索市场经济体制下的文化遗产事业的管理模式，以旅游开发为导向的文化遗产利用体制在这一时期进入改革的尝试，使得这一时期呈现行政管理体制与社会主体管理相互结合的特点，但这一时

---

① 刘建美：《陕甘宁边区文物保护工作述析》，《延安大学学报（社科版）》2010 年第 2 期，第 51～57 页。

② 鲜乔蓥：《根据地及解放区文物保护之鉴》，《文史哲》2010 年第 5 期，第 224～225 页。

期未能妥善处理文物（文化遗产）保护与利用的关系，经济建设与文物（文化遗产）之间的矛盾关系异常尖锐。其典型的法制体现为1982年制定、2002年修订的《文物保护法》；第三时期是2003年至今开始的围绕文化遗产概念构建文化遗产管理构架的时期。这一时期，随着世界文化遗产保护体系在中国的具体实施，中国以文物概念为核心的保护理念和与文化遗产概念为核心的保护理念开始互相融合，在具体做法上也相互借鉴和相互支撑，尤其是文化遗产保护在套用文物保护的理念和做法的同时，开始形成自己的发展目标，这体现在2005年国务院关于加强文化遗产保护体系的通知上，国家开始以物质文化遗产和非物质文化遗产两个概念来构建新型的文物（文化遗产）保护体系。这一时期的管理特征仍然是在坚持文物行政管理部门的统筹作用的同时，继续鼓励社会力量参与到文化遗产保护格局中，但是，由于相关的配套制度的不完善，社会力量的参与力度和参与深度都是有限的。①

　　从文物（文化遗产）事业发展的历史轨迹来看，该研究报告中所指出的这三个时期的阶段划分，基本上符合1949年以后中国文物保护事业的发展过程和内在逻辑。考察这三个时期的文物（文化遗产）事业发展的历史过程，我们会发现，在建国初期形成的由政府职能部门进行文物保护的管理特征，实际上在以后的文物保护的历史实践中起到了极其强烈的规定作用，这种历史路径的依赖深刻地影响着以后的文物保护实践以及文物保护所面临的具体问题。不论是20世纪以文物概念为核心的保护体制建构，还是21世纪向文化遗产事业保护体制的转型过程，行政逻辑主导下的文物（文化遗产）保护思路始终没有根本性的变化，尽管在市场经济体制的改革过程中，经营性的力量和非营利性的社会力量正在逐渐介入这一保护体系之中，但是，这样一种管理体制的真正转变还是没有完全形成，需要更多的努力。

　　下面从具体文物保护制度的历史演变角度，理解中国文物保护的行政管理特征：

　　1. 建国初期形成的由政府职能部门进行文物保护的格局

　　1949年新中国成立之后，新政权面临的文物保护形势可以用严峻来形容，文物盗掘、走私倒卖的现象较为严重，由于缺乏文物的宣传和保护措施，大多数普通民众的文物意识不足，各地还常常发生破坏古建筑的行为。作为

---

① 刘世锦：《中国文化遗产事业发展报告（2008）》，社会科学文献出版社，2008年，第152～165页。

文物破坏形势的被动回应，1950～1951年间政务院及相关部委先后颁布了几个重要的行政法规和规范性文件，包括《禁止珍贵文物图书出口暂行办法》（1950年5月24日）、《古文化遗址及古墓葬之调查发掘暂行办法》（1950年5月24日）、《关于征集革命文物的命令》（1950年6月16日）、《关于保护古文物建筑的指示》（1950年7月6日），连同1951年文化部、内务部共同制定的《地方文物管理委员会暂行组织通则》（1951年5月7日）以及文化部提出的《对地方博物馆的方针、任务、性质及发展方向的意见》（1951年10月7日），这几个行政法规和规范性文件实际上已经涉及文物保护的几个重要方面，即利用博物馆保护可移动文物，注意保护古建筑等不可移动文物，规范考古发掘以打击盗掘行为，实行文物出口许可证制度以及设立专门的文物行政管理机构等方面，这些法令的一个重要特征在于，延续了陕甘宁边区的文物保护思路，在中央设置统一的文物行政管理部门，将文物保护的各项工作分解至各级政府的职能部门之中，实行统分结合、分级管理的体制。例如1949年11月在文化部设立了文物局，负责全国文物事业，地方文化部门负责管理具有重大革命历史、艺术价值的革命史迹及文化遗址，地方政府负责管理一般的革命史迹、文化遗址及山林风景，民政部门负责管理革命烈士陵园，地方公安部门负责文物保护，文物出口由指定海关管理，设立专门的地方文物管理委员会对地方古建筑、古文化遗址、革命遗迹进行调查与保护等。[①]

2. 地方文物管理委员会的制度设置

中国的治理实践长期以来偏重经验和实用，体现在法律制度的构建上，往往在理想型的法律思想表达之下，辅之以极其实用的制度设置。例如，清代法律在民事表达上建构了以无讼为核心的高度道德化的法律制度，但在民事实践上则非常实用地设置了社区调解和州县判决的纠纷解决制度。[②] 体现在20世纪50年代文物保护实践中，由于当时百业待兴，政府的主要任务是稳定国内形势，进行经济建设。文化和文物事业都处于摸索阶段，各级政府对于文物流散的情况并不掌握，依靠非专职的政府文教部门也难以适应当时

---

① 国家文物局：《中国文化遗产事业法规文件汇编（1949～2009年）》，上册，文物出版社，2009年，第9页。

② 黄宗智：《过去和现在——中国民事法律实践的探索》，法律出版社，2009年，第8～9页。

较为严峻的文物形势，因此，从 1950 年开始，一个往往被人忽略的实用性设置是地方文物管理委员会的设立。地方文物管理委员会的级别较高，直接隶属于省级和市级政府，由政府的文教和民政部门的负责人担任主要委员，并吸收当地文保专家进入委员会，活动经费由当地政府的财政拨付，其职能任务包括征集流散的文物、图书等可移动文物，调查、保护和管理古建筑、古文化遗址等不可移动文物。地方文物管理委员会是新中国试图通过在各地建立专门的文物保护机构来缓解文物保护所面临形势的一种制度尝试，其运行逻辑仍然是借助自上而下的行政系统推行文物工作，在当时可以说是一项重要的文物保护制度创新。各地文物管理委员会的机构设置往往从便利文物保护的角度出发，以实用性为主进行机构和人员配置，也切实推动了地方文物工作的开展。从一份现存的《江西省人民政府文物管理委员会组织规程》上看出，在建立初期，江西省文物管理委员会设立了四个组：总务组，负责文书、人事、财务、福利等行政事务；调查组，负责调查、征集、管理文物并进行摄影、制图等工作；研究组，负责对已征集文物进行鉴定和研究；整理组，负责对文物进行登记、编目及防污损、防虫害等文物保护工作。其内容基本涵盖了文物保护的几个重要方面。[1] 事实上文管会在各地的文物保护中发挥了一定的作用。例如 1950 年浙江省文物管理委员会成立后的主要工作是对文物进行抢救性保护，发现了一批反映太平天国历史的重要文物，如在杭州发现了七百多斤的清代档案。从 1953 年开始，浙江省文物管理委员会还充实培养了一批文物保护的年青力量，开展了文物考古调查及革命文物的征集工作，1960 年成立近代史组，专门收集浙江近代史料。[2] 这一制度在 1961 年国务院发布的《文物保护管理暂行条例》中得到确认，该条例第三条规定各省、自治区、直辖市和文物较多的区、县、市应设立保护管理文物的专门机构，主要负责地区文物的保护管理、调查发掘、文物征集和文保宣传等具体工作。[3] 1982 年的《中华人民共和国文物保护法》是在 1961 年国务院《文物保护管理暂行条例》基础上制定的，其中的第三条第二款规定各省市可设立文物保护管理机构，对地方文物管理委员会的制度设置及历史实践以法律

---

[1]　《江西省人民政府文物管理委员会组织规程》，《江西政报》1951 年第一期。

[2]　王士伦：《三十五年来浙江文物考古事业的回顾》，《浙江学刊》1984 第 6 期，第 95～99 页。

[3]　国家文物局：《中国文化遗产事业法规文件汇编（1949～2009 年）》，上册，文物出版社，2009 年，第 30 页。

的形式确认了下来。2002 年《文物保护法》修订时，文物管理委员会的职能和任务变化很大，一部分直接转变为地方行政机构，代替地方文物局继续行使文物保护和管理职能，例如上海市没有文物局，其职能由上海市文物管理委员会承担。一部分附设在地方文化局或文物局之下，开展文物保护工作，例如 1980 年成立的厦门市文物管理委员会，办公室设在厦门市文物局内，主要职能是规划和实施文博事业发展，保护管理辖区内文物古迹，组织协调考古发掘、文物普查和地方史迹研究工作以及管理辖区内的文物市场，协助其他部门打击文物违法犯罪活动。① 一些省级的文物管理委员会，基本上成为一个文物保护的协调机构，例如 2006 年调整的福建省文物保护委员会，其委员基本上是政府行政部门的副职担任，办公室设在福建省文化厅。② 还有一些文物管理委员会蜕变为考古研究所，例如四川省文物考古研究所前身即为川西文物管理委员会。③ 故 2002 年《文物保护法》修订时第八条只是规定由各级人民政府负责文物保护工作，由政府承担文物保护工作的部门对文物保护实施监督管理职能。但地方文物管理委员会这一制度设置一直延续至今，尽管其职能和作用与建立之初的制度设计目的已有差别。

3. 具有中国特色的文物保护单位制度

新中国一个较有特色的文物保护方法，是对不可移动文物实行文物保护单位的保护制度。这一开始于 1956 年的文物保护制度和实践，其背景主要是当时各地开展的大规模社会主义建设活动对古文化遗址、古墓葬的破坏。在建国初期的社会主义建设活动中，各地基本建设工程中不断发现古文化遗址和古墓葬，由于保护意识和保护手段的不足，各地常常发生文物毁坏事件，1953 年前有案可稽的不可移动文物毁坏事件即有 8 起。④ 为此，1953 年政务院发布了《关于在基本建设工程中保护历史及革命文物的指示》，要求各地对具有重大历史意义的地面古迹及革命建筑物予以保护。1956 年，在全国农业生产的高潮中，国务院又发布了《关于在农业生产建设中保护文物的通知》，第一次提出了保护单位的概念，要求各省、自治区、直辖市文化局就已知的重要古文化遗址、古墓葬地区和革命遗迹、纪念建筑物、古建筑、碑

---

① 福建省省情资料库地方志之窗，2011 年 2 月 10 日访问。

② 闽政办 [2006] 82 号（非出版物）。

③ 百度百科，http://baike.baidu.com/view/2531612.htm, 2011 年 2 月 9 日访问.

④ 此数据引自王运良：《中国"文物保护单位"制度研究》（非出版物），复旦大学2009 年博士学位论文。

碣等提出保护单位名单，上报文化部汇总审核。根据通知要求，各地还进行了全国范围内的历史和革命文物遗迹的普查工作，实为全国范围内的第一次文物普查，确认了7000多处的文物保护单位。[①] 同时，文物保护单位制度的形成不能忽视苏联及东欧社会主义国家经验的影响。新中国建立初期，无论是政治、经济、文化各方面的治理经验都极其有限，在当时的意识形态指引下，自然借鉴苏联的各方面经验，文物保护也不例外。1950年Z1期《文物参考资料》（后改名为《文物》）上就已经开始介绍苏联的博物馆、图书馆建设情况以及考古经验。1950年第9期的《文物参考资料》甚至成为介绍苏联博物馆的专刊。因此，苏联对历史建筑采取政府登记管理的方式自然成为新中国不可移动文物保护的现成榜样。苏联早在十月革命之后就开始对历史建筑采取政府登记的方式进行保护。1934年苏联的《保护古物补充法令》明确规定登记类古物由地方政府负责保管，其保管费用列入政府财政预算。1947年和1948年通过的《古建筑遗址保护法令》和《古物保管条例》，以古建筑遗址国家保护名录及在重要遗址周边建立防护带的方式进行保护。1949年，苏联政府开展文物保护单位的申报工作。中国的文物保护单位制度，无论是在保护的理念上还是公布文物保护名单的方式上，显然是借鉴了苏联的做法。[②] 另外，中国官员及文保专家也曾前往罗马尼亚、波兰、捷克斯洛伐克等国家考察文物保护经验，学习的内容包括文物的政策法令、文物的组织机构、文物管理、文物修复、文物宣传、古迹环境、博物馆管理等。[③]

文物保护单位并不是文物的一种组织形式，与企事业单位不一样，其本身是文物古迹。但值得玩味的是，中国的文物保护单位采用了"单位"这一富有特色的名称。这说明中国的不可移动文物的保护制度，尽管学习了苏联的现成文物保护经验，但是从一开始就是中国自身治理逻辑的产物。单位制度在中国形成了最为完整和最有特色的形式，包含了体制和意识的双重内容，至今在中国的社会生活中发挥着重要的作用。单位制度的宗旨在于形成对社

[①]　单霁翔：《从"文物保护"走向"文化遗产保护"》，天津大学出版社，2008年，第36页。

[②]　具体论述参见王运良：《中国"文物保护单位"制度研究》（非出版物），复旦大学2009年博士学位论文。

[③]　参见王一平、陈建平：《访问罗、波两国的博物馆和文物保护工作》，《文物参考资料》1958年第六期；武伯纶、罗哲文：《记捷克斯洛伐克的文物保护工作》，《文物参考资料》1958年第7期。

会生活的有序和有效管理，体现了国家在有限的人力物力和财力下对资源的有效配置和集中投放。① 建国初期，尤其是第一个五年计划期间，新中国的单位制度初见成效，因此，在政治经济生活中的这一重要实践及由此形成的思维路径，自然延伸至同样需要有序和有效管理的文物领域，尤其是建国初期各地社会主义建设带来的不可移动文物的损毁，使得国家层面上对于文物有序管理的愿望更加迫切。1956 年第一个五年计划基本实现后，国务院就在《关于在农业生产建设中保护文物的通知》（1956 年 4 月 2 日）中开始以文物保护单位制度的形式，实现对重要的不可移动文物的保护。同时，有学者指出，中国以古建筑为主要内容的不可移动文物具有整体性的特点，这一特点也是中国采取单位这种整体组织形式进行文物保护的一个内在因素。② 文保单位在实践中形成了"四有"的工作程序，包括要有保护范围、有保护标志、有记录档案和有保管机构。但各类文保单位在保管机构上有很大差别。例如，故宫和卢沟桥都是全国第一批重点文物保护单位。故宫通过博物馆的形式对古建筑群及故宫文物进行保护，其保管机构属于典型的事业单位。卢沟桥并没有专门的事业单位进行保管，其保护现由北京市丰台区文化委员会兼管。也就是说，一部分文物保护单位的管理机构是与事业单位没有区别的，其经费来源、组织机构都实行的是单位体制，但也有一大部分文物保护单位的管理机构由各地区的文物行政部门或者文物保护所兼管，其保护机构为兼职的行政单位或其委托的派出机构。

4. 历史文化名城、名镇、名村的国家保护

1949 年中华人民共和国成立后，围绕北京等古城建设问题，曾经有过古城如何保护和建设的讨论，但因当时的历史条件和历史环境，古城保护的理念最后没有付诸实施。20 世纪 80 年代以来，长期以来存在的大规模基本建设与文物保护的紧张关系，已经使大量具有历史、艺术和科学价值的文物古迹在房屋拆迁、旧城改造、基础设施建设、开发区建设过程中遭到破坏，许多城镇的原有历史风貌也陆续消失。同时，这一时期，在国际社会文化遗产整体保护的理念影响下，中国开始从环境的角度看待文物及文化遗址的保护

① 刘建军：《单位中国》，天津人民出版社，2000 年，第 147 页。转引自王运良：《中国"文物保护单位"制度研究》（非出版物），复旦大学 2009 年博士学位论文。

② 王运良：《中国"文物保护单位"制度研究》（非出版物），复旦大学 2009 年博士学位论文。

问题，历史文化名城、名镇、名村制度应运而生。历史文化名城、名镇、名村制度与文物保护单位制度的最大不同在于前者主要是历史风貌的保护，后者是不可移动文物本身的保护。历史风貌与文物遗址本身的保护具有不同的特点，因此需要不同的保护方法。由于城镇、乡村风貌主要与破坏性建设有关，因此 1982 年《文物保护法》规定实行历史文化名城保护制度之后，中国对历史文化名城、名镇、名村的保护重点集中于预防性的保护措施上，其主要手段是将历史风貌的保护规划纳入城镇、乡村的建设规划中。因此，历史文化名城、名镇、名村制度实际保护的执行主体不是文物部门，而是国家的建设部门及城镇规划部门。例如，1983 年 2 月，城乡建设环境保护部发布了《关于加强历史文化名城规划工作的通知》；2008 年 7 月 1 日起施行的《历史文化名城名镇名村保护条例》规定申报历史文化名城，由省级政府提出申请，经建设部会同国家文物局组织论证后，报国务院批准。2008 年实施的城乡规划法将历史文化遗产保护规定为城镇总体规划的强制内容。历史文化城镇乡村规划，也往往有建筑学院、城市规划设计研究院等专业人员参加。[①] 历史文化名城、名镇、名村保护的主体是各级政府，实行的主要还是政府管理模式。

　　5. 文物市场的政府管理模式

　　中国文物市场管理体制的变迁也体现了行政主导下的文物保护思路。由于文物的特殊性，中国对文物市场采取的是国家监管和政府管理的模式。从 20 世纪 50～80 年代，中国的文物流通市场基本上由国家经营和管理，排除文物私营，其目的既是为了组织出口文物货源以换取外汇，也是出于打击文物走私的考虑。当时，能够从事文物经营的单位不仅仅有文化部门下属的文物商店，还有商业部、外贸部下属的商业机构。文物市场并没有完全实行统一经营、统一管理的体制，而是存在着多头经营、价格不一的现象，市场较为混乱。为解决这个问题，早在 1956 年，文化部、全国供销合作总社就曾联合发出《关于加强保护文物工作的通知》，排除了供销合作社经营文物的职能。[②] 1960 年更是强化了文物商业机构的政府属性，将各地文物商业的纯商业性质变更为实行企业经营管理的文化事业单位，并将这些商业机构划归各

---

　　① 邵勇：《历史文化村镇保护规划与实践》，同济大学出版社，2010 年。

　　② 国家文物局：《中国文化遗产事业法规文件汇编（1949～2009 年)》，上册，文物出版社，2009 年，第 16 页。

地文化部门领导，厘定的主要职能包括收集流散文物、为博物馆等文物收藏研究机构提供藏品来源、供应国内和国外文物市场。但是，1960 年后的文物商业仍然没有完全实现文化部门统一管理，至 1974 年，国务院发文，解决文物市场多头经营的问题，在国务院批转外贸部、商业部、文物局《关于加强文物商业管理和贯彻执行文物保护政策的意见的通知》中对文物商业经营的管理和经营作了进一步分工，规定文物商店统一由文化部门领导，外贸部门的文物商店实行整体移交政策，外贸部门出口的文物商品统一由文物商店供应，其他商业机构，包括银行、友谊商店、外轮供应公司以及信托商店等均不能收购文物。① 改革开放之初，从 1981 年国家文物局向国务院上报的《关于加强文物市场管理的请示报告》上可以看出，1974 年国务院通知并没有解决文物市场混乱的问题。由于文物经营的高额利润，文物市场上有很多单位在进行文物销售，例如北京市文物销售点有近 60 家，一些机关、国营企业、集体企业，甚至农村公社都参与了文物的销售，在一定程度上刺激了文物走私及文物盗掘。② 面对这种局面，当时的文物行政管理部门的思路仍然是统一经营和统一管理的行政主导思路，要求坚决整顿文物市场，实现文物的归口经营和统一收购。但是，由于 80 年代民间文物价值意识的觉醒，民间文物私自交易现象的日益频繁以及日益猖獗的文物盗掘和走私现象，文物商店的文物货源大为萎缩，1982～1986 年文物商店的年度文物收购额甚至下降了80%，说门可罗雀不过分。③ 在这样的形势下，文物市场的行政管理体制和思路事实上难以为继。但是，尽管在 20 世纪 90 年代，文物市场的管理体制开始变化，但国家对文物市场进行行政监管的思路并没有发生根本性的变化。2002 年修订的《文物保护法》规定除了文物商店和文物拍卖企业之外，其他单位或个人不得从事文物商业经营活动，但对民间收藏文物的流通作了突破性规定，允许个人合法所有的文物通过相互交换或依法转让等方式流通。

6. 文化遗产事业的政府管理模式

2005 年国务院发布《关于加强文化遗产保护的通知》，标志着中国文化

---

① 国家文物局：《中国文化遗产事业法规文件汇编（1949～2009 年）》，上册，文物出版社，2009 年，第 68 页。

② 国家文物局：《中国文化遗产事业法规文件汇编（1949～2009 年）》，上册，文物出版社，2009 年，第 130 页。

③ 马健：《中国文物管理制度的变迁：1950 年——2002 年》，《理论界》2010 年第 2 期，第 222～223 页。

遗产保护事业进入一个新的发展时期。① 该通知将文化遗产定义为物质文化遗产和非物质文化遗产。物质文化遗产包括可移动文物、不可移动文物和历史文化名城（街区、村镇）三部分，非物质文化遗产是指口头传统、传统表演艺术、民俗活动、民间知识、传统手工艺技能在内的文化表现形式。从物质文化遗产的定义来看，我们国家的物质文化遗产内容基本上是中国文物保护和历史文化名城、名镇、名村保护的内容。因此，在保护的形式上也采用了文物保护的形式，包括加强文物调查研究和文物保护规划工作、加强重大建设工程中的文物保护工作，做好文物维修工作、加强历史文化名城、名镇、名村保护、提高馆藏文物保护水平、整顿文物流通市场等措施。因此，与文物的保护（管理）体制一致的是，文化遗产保护的责任主体是地方各级人民政府。以"长城保护工程"的实施现状为例，长城保护工作的总体思路是实行分段管理的原则，由各段长城所在地人民政府具体负责长城的具体保护。围绕着非物质文化遗产名录体系，非物质文化遗产的保护思路是由个人或集体向文化行政部门提出非物质文化遗产代表作项目的申请，由省级人民政府核定后，报部际联席会议办公室，最后由该办公室将申报材料提交给评审委员会评审出推荐项目，由部际联席会议办公室向社会公布。② 因此，不论是物质文化遗产保护还是非物质文化遗产保护，文化遗产保护的思路仍然是沿袭了其他文物古迹的保护思路，即政府主导下的行政保护思路。也就是说，文化遗产管理体制实际上还是传统的文物保护（管理）体制。

三、《文物保护法》对历史路径的确认

1982 年 11 月 19 日第五届全国人大常委会第二十五次会议通过的《中华人民共和国文物保护法》是新中国第一部文物保护方面的专门法律。该法律主要内容包括文物的定义、文物主管部门、文物所有权、文物保护单位制度、历史文化名城制度、考古发掘管理、馆藏文物管理、私人收藏文物管理、文物出境管理、奖励与惩罚。第一次用列举的方式定义了受国家保护的文物范围。规定了国家文化行政部门及地方各级政府负责文物保护的管理体制。在

---

① 国家文物局：《中国文化遗产事业法规文件汇编（1949~2009 年）》，下册，文物出版社，2009 年，第 543 页。

② 国家文物局：《中国文化遗产事业法规文件汇编（1949~2009 年）》，下册，文物出版社，2009 年，第 532 页。

文物所有权方面，规定了文物的国家所有权、集体所有权和私人所有权三种类型，承认私人收藏文物的所有权，但禁止私人之间的文物买卖行为，文物保护经费纳入各级财政预算之中。规定了文物保护单位制度、历史文化名城制度，对考古发掘的报批手续、出土文物的保管机构、配合基本建设的考古发掘工作等方面进行了规定。对国有博物馆的文物保管制度进行了特别规定。

从 1982 年至 2002 年，在应对日益猖獗和复杂的文物违法犯罪的实践中，1982 年《文物保护法》失之简单的缺点显露出来，在文物保护的力度、文物的保护与利用、文物管理制度等方面的一些规定已经不能适应形势的需要，①2002 年第九届全国人大常委会第三十次会议通过了新修订的《中华人民共和国文物保护法》。新修订的《文物保护法》主要在三个方面进行了修订，第一是加大文物保护的力度；第二是规范民间收藏文物；第三是明确了文物行政部门执法主体的地位。②首次明确了不可移动文物和可移动文物两种文物类型，并规定了文物的分级保护制度。对不可移动文物主要实行的是文物保护单位分级保护制度；对可移动文物实行的是文物分级保护制度。增加了文物保护的原则和方针，规定文物工作的方针是"保护为主、抢救第一、合理利用、加强管理"。对经济建设、旅游发展与文物保护的关系进行了规定，明确了文物保护优先的原则。增加了文物保护经费的规定，使文物保护的经费来源有了一定的保障。调整了考古发掘中文物归属利用的机制。增加了馆藏文物管理的条款，反映了国有馆藏文物管理实践的日益成熟，以及对作为国有可移动文物主要收藏机构的博物馆建设的重视。有关民间收藏文物的规定增加到 9 个条款，反映了 1982 年之后日益活跃的民间文物流通和收藏现状。规定了公民个人合法所有的文物可以依法流通，突破了 1982 年《文物保护法》个人不能转让文物的规定。为改变多年来文物行政执法工作乏力的现象，2002 年《文物保护法》还赋予了文物行政部门以较为充分的行政处罚权，可以处理包括破坏文物的建设行为、非法转让文物的行为、擅自改变国有文物保护单位用途的行为、违反馆藏文物保护制度的行为、违反文物商业经营管理制度的行为等。

① 参见：《关于〈中华人民共和国文物保护法（修订草案）〉的说明》，中国人大网，http://www.npc.gov.cn/wxzl/gongbao/2002-12/03/content_5303238.htm，2011 年 1 月 30 日访问。

② ：《李晓东谈新文物保护法》，搜狐网，http://campus.chinaren.com/2004/05/31/15/article220331572.shtml，2011 年 1 月 29 日访问。

2007 年 12 月 29 日第十届全国人大常委会第三十一次会议通过的《文物保护法》修订案，是对 2002 年《文物保护法》的完善，修订的幅度很小，只是修订了第二十二条、第二十三条及第四十条第二款，主要涉及的国家文物局与省级政府和省级文物行政部门的审批权限划分问题。2013 年对《文物保护法》的修订，主要是对非国有文物转让和拍卖文物报备制度的规定。2015 年对《文物保护法》的修订，主要是对考古文物行政管理部门有关权限的规定。

从《文物保护法》的框架结构和各种规定来看，该法律实际上确认了历史上形成的以国家行政机构管理文物的格局，确认了六种生发于文物保护实践的保护制度，分别是文物保护单位制度、历史文化名城名镇名村制度、博物馆文物保护制度、考古发掘管理制度、文物市场管理体制以及打击文物犯罪制度。20 世纪 80 年代以后，中国又逐渐引入了文化遗产保护的概念，扩大了文物保护的内涵和外延。其中，文物保护单位和历史文化名城名镇名村制度，针对的是不可移动文物本身及历史风貌的保护；博物馆文物保护制度主要针对的是可移动文物的保管、研究和利用；考古发掘管理制度、文物市场管理体制以及打击文物犯罪制度则主要是为了形成一种可控的文物保护管理秩序，防止文物的无序发掘和有目的的盗卖行为造成文物的流失和损害。中国的文物保护主要是通过这几个方面的制度设置以及相应的经费投入、机构和人员配置实现对可移动文物和不可移动文物的保护。

四、规则演进的历史逻辑与法律效果的关系

中国《文物保护法》的立法及实施过程中表现出来的行政逻辑的特点，实际上是中国长期以来的治理实践的反映。这一治理实践，表现为郑永流所概括的中国强大的行政—政策手段对法律手段产生的巨大影响，即政策代行法律的职能、行政—政策主导法律的执行及对立法方式的影响等三个方面①。行政—政策手段不仅是法律手段的一种替代性手段和习惯的社会动员方式，不仅对公民的法律意识起到抑制作用，而且对部门法的制定和实施具有强烈的影响。甚至包括法律的起草方式带有很大的行政痕迹，因此立法文本不可避免地带有局限性："各起草者主要考虑自己行政管理的任务，缺乏普遍的

---

① 郑永流：《转型中国的实践法律观——法社会学论集》，中国法制出版社，2009年，第 68 ~ 69 页。

全社会调整的眼光，有时还利用起草权扩大本部门的行政职权范围。"① 《文物保护法》这种部门法的立法及实现过程之所以具有强烈的行政色彩，其原因正在于这种行政—政策手段的替代性影响。也正是这种影响和历史实践，使得《文物保护法》的立法主要是对过去文物保护实践的确认。从实践历史的角度来说，与大部分部门法一样，《文物保护法》确实是实践智慧的反映，法律文本是文物保护实践的反映，并不是某种特别的理性设计的结果。因此，这种实践立法的优点和弊端并存。优点在于能够及时归纳和总结实践中的做法，弊端在于缺乏更高的理性设计，不能适应快速发展的实践需要，当实践变化之后，法律文本也要相应修订。

从文物保护制度的实践及相关立法的关系来看，历史实践与法律效果的关系可以从以下两个方面来理解：

1. 许多法律制度的形成和逻辑的演变并不是人们通过抽象化和理念化构建出来的理想模型，而是根源于历史实践，根源于对历史问题的探索和解决②

这意味着，对一项法律制度的法律效果分析，不能仅仅从共时性和横截面的角度观察法律效果的社会事实，而应该从历时性的角度，用黄宗智的话说，从实践历史的角度来看待法律效果形成的背景和内在逻辑。从文物保护法规定的各项具体文物保护措施的实践历史来看，《文物保护法》的规则体系并不是一种观念类型的文物规则集合，其中的每一项法律规则都实际上来源于当时的历史情境，实际上有其特定的现实问题的关注点。例如最具中国特色的文物保护单位制度，为什么会在 1956 年归纳出来？其背后的逻辑就是第一个五年计划胜利完成，极大地增强了政府以单位形式管理社会生活的信心。再如，中国之所以要实施历史文化名城保护制度，其根源在于长期以来存在的基本建设与文物古迹保护的矛盾，再不提出城市风貌的保护问题，许多城市将散失历史的面目而完全成为千人一面的现代化工业城镇。

2. 当稳定的历史逻辑和演进的规则形成之后，也会深刻地影响着后来的实践历史，同时也规定了法令规则的实施效果

---

① 郑永流：《转型中国的实践法律观——法社会学论集》，中国法制出版社，2009年，第69页。

② ［美］黄宗智：《经验与理论：中国社会、经济与法律的实践历史研究》，中国人民大学出版社，2007年，第446页。

最典型的就是中国行政逻辑主导下的文物保护历程。这一根源于中国治理实践的思维方式和工作程序，不仅在过去影响着文物保护的工作路径和保护效果，而且现在仍然影响着中国文物保护的路径选择。因此，我们一面看到中国的文物保护的理念越来越与世界交融，一面也看到国家在不断强化文物保护的行政管理职能。这种历史实践所形成的路径选择必然使得《文物保护法》的制定和实施的效果都不可避免地打上了行政保护的特点。所以，我们看到行政逻辑主导下的《文物保护法》实践，在借助国家自上而下的动员机制方面，取得了令人瞩目的保护成果，历年来公布了7万多各级文物保护单位，许多文物古迹因为"文物保护单位"这一护身符而得以避免破坏的命运，历年来形成了规范的博物馆馆藏文物的管理体系，在文物的永久保存上具有私人文物保存所不具有的优势，大量的文物因此得以流传和展示。但是，我们也看到，由于文物古迹数量众多，单纯依靠国家财力进行文物保护的做法实际上难以为继，许多文物保护单位，尤其是偏远地区的文物保护单位，处于无人管理的状态，我们的经济建设与文物保护的矛盾长期存在，大规模的破坏性建设毁坏了许多文化遗址和古迹，"法人违法"现象屡禁不绝。这些现象的发生，同样与我们国家文物保护的行政管理体制和执行结构有关系。

中国的文物保护正在经历着从文物保护向文化遗产保护的转变，不仅文物的内涵和范围大为扩展，文物保护的方式和手段也在不断变化，工业遗产、线性遗产、20世纪遗产等新的类型已经进入保护的视野。① 可以说，中国文物保护的理念与手段正在经历一个深刻的变化，国外的文化遗产保护理念也在继续改变着中国的文物保护实践。但在中国和国外文化遗产保护理念和手段互相交融和影响的今天，我们更应该追问的是，中国的文物保护的实践历史为人类的文物保护贡献了什么？我们在吸收西方的文化遗产保护经验的过程中，更应该注意中国文物保护的实践历史以及在此基础上形成的传统及其逻辑，具体研究以行政主导下的文物保护的实践及其效果，对正面实践和负面实践做出总结和批判，才有可能开拓一条符合中国文物保护实际并具有特色的文物保护道路。因此，参照文物保护的实践历史和规则的演变过程，我们认为，法律效果问题绝不是单纯的法律实施的问题，而是具有历史规定性的问题。考察一项法律制度实施效果的特殊之处，恰恰需要从历史的规定性

---

① 具体参见单霁翔：《从"文物保护"走向"文化遗产保护"》，天津大学出版社，2008年。

和逻辑上理解。

五、小结：法律制度的产生和实现有其历史逻辑

卡多佐指出法律通过司法过程来生长。① 这种判断根源于英美法系的特点，并与英美法律的产生背景有密切的关系。但考察中国的《文物保护法》及类似的部门行政法体系，法律很少通过司法过程来生长，而是更多地通过历史实践来生长。实践的历史性对法律的生长有其重要的意义。这意味着这种实践是一种镶嵌于历史背景中的主体行动。每一历史时代中的主体行动，用文化人类学的观点来说，都体现了深藏于社会结构之下的人的能动力量。人作为悬挂在由他们自己编织的意义之网上的动物，② 运用浸染于其中的社会文化结构，以实践的能动性塑造和形成法律规范。格尔茨说："如果你想了解什么是一种科学，你首要要看的，不是它的理论或发现，当然也不是它的辩护士对它的说法；你应当看它的实践者做的是什么？"③ 人类学家格尔茨的这一理念与现实主义法学的代表人物霍姆斯的经典观点有异曲同工之妙："对于法院实际上将要做什么的预测（prophecies），而不是什么其他的自命不凡，就是我所谓的法律的含义。"④

正如同霍姆斯法律预测的理论必须在美国实用主义哲学的背景中加以理解一样，黄宗智提出，任何理论都要通过它的环境来理解，⑤ 社会的变迁是特定情境下特定规则的变化累积的结果。法律规则的演变也一样，法律制度的产生都有其具体的历史情境和实践问题。法律规则的演变与实践逻辑从事件发生的当时来说，很难说是具有必然性，往往是一种偶然连接的结果。⑥法律制度形成的逻辑往往不是制度设计或者说制度构建的结果，而是一种哈耶克所说的演化的产物。正如苏力所说的："制度的发生、形成和确立都在

---

① ［美］本杰明·内森·卡多佐：《法律的生长》，刘培峰、刘骁军译，贵州人民出版社，2003 年，第 33 页。

② ［美］格尔兹：《文化的解释》，纳日碧力戈译，上海人民出版社，1999 年，5 页。

③ ［美］格尔兹：《文化的解释》，纳日碧力戈译，上海人民出版社，1999 年，5 页。

④ ［美］霍姆斯：《法律的生命在于经验——霍姆斯法学文集》，明辉译，清华大学出版社，2007 年，第 211 页。

⑤ ［美］黄宗智：《过去和现在——中国民事法律实践的探索》，法律出版社，2009年，第 5 ~ 12 页。

⑥ 赵旭东：《法律与文化——法律人类学研究与中国经验》，北京大学出版社，2011年，第 93 页。

时间流逝中完成，在无数人的历史活动中形成。正是在这个意义上，弗格森、休谟、门格尔、哈耶克都称制度是人类行动的产物，是演化的产物。"① 这种历史的演化类似于黄宗智提出的"实践历史观"。但是，偶然的过程形成的内在历史逻辑却决定着历史实践的意义和后果。同样，法律制度的成熟和完善，不是一蹴而就的，需要遵循规则演变和实践的具体逻辑，经过长时段的规则和实践演变过程。以文物保护的实践历程和效果为例，我们既要看到历史形成的文物保护和管理制度在保存文物方面发挥的重要作用，也要看到文物保护规则形成后对法律实施效果的影响。因此，对于法律制度效果的评价，也应该从历史演变的角度进行解释。如果没有规则的变迁和实践的论证过程，单纯从当下的法律效果看待法律规则的实施问题，对法律效果的评价很难深入。

---

① 苏力：《制度是如何形成的》，北京大学出版社，2007 年，第 53 页。

第二章　文物的所有权配置 及其实现效果分析

本文主要关注的是《文物保护法》中关于文物所有权的相关规定及其实现过程中的效果。

中国的《文物保护法》在文物的所有权配置上采取了国家所有权为主的形式。应该说，文物的国家所有权是大多数国家的文物（文化遗产）法律选择的权利配置方式。为了使文物永久保存下去，将文物的所有权主要配置给国家，不能说一定是一种最优的策略，但也是一种较佳的策略。国家的文物保护，无论是在经费投入上、人力物力和机构的设置上还是所取得的保护成效上，从整体上都要优于个人的保护。但是，从法律效果的角度来说，尤其是从中国的文物国家所有权的实现过程来看，有两个问题值得特别关注：

其一，中国的文物管理体制是实现文物国家所有权的重要手段。《文物保护法》通过法律的形式把历史上形成的文物保护和管理手段及其职责固定下来，从而形成了文化或文物行政管理部门领导下的主要由文物保护管理机构进行文物保护的体制。这种文物管理体制发挥了巨大的文物保护作用，但也存在着许多缺点。由于管理主体多元化、管理权分散、权责不对称、缺乏有效的文物保护监督机制和责任追究机制，文物国家所有权与使用权出现了事实上的分离及虚置化。问题在于：这种大部分依靠行政管理手段推动的文物保护是否需要其他更好的途径来弥补其不足之处？

其二，作为一种多级委托的文物管理模式，这种体制的特点体现为文物的国家责任和持续的经费投入。对比文物保护经费国家投入和产出的效益分析，我们会发现，文物保护法所有权配置的效果并不是很好。在具体的实施过程中，通过巨大的成本投入来实现国家的所有权还远远不能适应文物保护的迫切需要。问题的症结在哪里？是否意味着国家必须继续加大投入力度？既然文物的国家所有权是必须坚持的原则，那么我们是否需要改进文物保护的方式？是否还有其他更好的途径来进行文物保护？

文物管理体制的有效性和文物保护经费投入的效益是本文需要解决的两

个问题，而这两个问题体现了《文物保护法》规定的文物国家所有权的实现效果。

一、国外的文物所有权配置类型及特点

世界各国通常都采用国家保护的形式对文物进行保护，但在文物的所有权类型和管理制度上具有很大的差异。

（一）美国的文化遗产保护以私人保护为主要形式

美国于1906年颁布《古物保护法》，1935年颁布《历史古迹和建筑法》，1966年颁布《国家历史保护法》和《国家博物馆法》。其中以《国家历史保护法》最为重要。按照《国家历史保护法》的规定，联邦政府设立了历史场所国家登录制度，建立了国家历史保护信托基金，各州设立了历史保护官员。1916年成立国家公园管理局，最初只是对国家公园、军事公园和战争旧址进行管理的机构。根据《国家历史保护法》的规定，国家公园管理局开始负责文物古迹的登记管理、文物保护基金的管理。因此，美国形成的是国家公园、州历史保护官员和地方区县文物保护机构的文物保护管理格局。① 但实际上由美国国家公园管理局直接管理的文物古迹只有379项，各州、区县所有的文物古迹也不多。美国的文物古迹以私人所有为主要形式。据统计，在登记在册的7万个文物古迹中，大约有75%属于私人所有。因此，政府在与文物古迹的所有人之间的关系是一种合作伙伴的关系，政府通过经济和税收的优惠政策来鼓励文物古迹所有人对文物的修缮和保护。②

（二）意大利的文化遗产保护以国家保护为主

1947年的意大利宪法将文化遗产的管理责任赋予政府，规定意大利共和国负责对国家的历史遗产进行管理，因此确立了以文化遗产的国家所有权为主要形式的管理模式。此后陆续出台了有关文化遗产保护的法令。根据文物法令，中央政府对400座古建筑拥有所有权，地方政府对大部分文化遗产拥有所有权。意大利也有部分文化遗产属于私人和企业所有，但占的比重不大，而且这些文化遗产必须被证明为所有人持有长达50年以上，才能被国家确认

---

① 贾俊艳：《文化遗产保护立法之比较研究》（非出版物），武汉大学2005年硕士学位论文。

② 王世仁：《为保存历史而保护文物——美国的文物保护理念》，《世界建筑》2001年第1期，第72~74页。

为私人所有权。为了有效管理全国的文化遗产，意大利设立了统一的文化遗产部进行管理，而且，尽管地方政府分享了文化遗产的国家所有权，但其文化遗产的处分权利收归文化遗产部，由文化遗产部派出代表赴各地行使文化遗产的行政执法权，实行垂直管理。① 意大利政府每年大约注入 20 亿欧元用于文化遗产的日常维护工作，但其资金缺口仍然很大，为此采用了多种渠道来筹措资金，包括每年从博彩业中抽取 1.5 亿欧元用于文化遗产事业，鼓励私人企业投资文化产业，给予这部分资金的免税待遇，鼓励私人基金会管理文物古迹等。从 1994 年起，意大利开始分离文化遗产的所有权和经营权，陆续将一些博物馆、文物古迹交由私人资本经营，但由国家文化遗产部掌握重要的人事任免、门票定价和开放时间的权力。通过这些措施，意大利的文化遗产管理、使用和利用在世界上是较为成功的，开创了文化遗产保护的意大利模式，即通过一整套完整的制度措施，促使全社会投入到文化遗产保护中来，取得了巨大的成效。②

（三）法国的文化遗产保护国家保护与私人保护各占一半

法国于 1913 年颁布《历史古迹法》，明确了历史建筑受国家保护的原则，主要采用了列级保护和注册保护的形式。列级保护是通过评估历史和艺术价值对历史建筑进行分级保护的方式，其评估程序较为严格，注册保护主要是用来保护价值较为普通的历史建筑。这一保护形式为法国的其他遗产保护法律所继承。1930 年通过、1967 年修订的《景观保护法》也实行的是文化和自然景观登记保护制度，并提出了周边环境整体保护的理念。1962 年的《历史街区保护法》（《马尔罗法》）与 1973 年《城市规划法》共同形成了历史保护区的法律框架，由国家强制指定历史街区，通过制定保护规划的形式，纳入政府城市规划中，对城市街区实行整体保护，并减少城市改造行为对文物保护的影响。③ 由于法国的文化遗产所有权主要是两类，一类为国家所有权，一类为私人所有权，而由中央政府直接管理的不可移动文物不足 5%，市级部门和私人管理的文化遗产则各占近 50%。因此，根据法国的文化遗产

---

① 朱兵：《意大利文化遗产的管理模式、执法机构及几点思考》，中国人大网，http://www.npc.gov.cn/npc/bmzz/jkww/2008–03/19/content_1420961.htm，2011 年 3 月 7 日访问。

② 程晓君：《属于全人类的"意大利模式"——意大利文化遗产保护初探》，《魅力中国》2008 年第 12 期，第 65～66 页。

③ 贾俊艳：《文化遗产保护立法之比较研究》，武汉大学 2005 年硕士学位论文。

制度设计，法国形成了中央政府、地方政府、文化遗产咨询机构、民间社团组织、学术科研机构共同管理的格局。在中央一级，法国文化部作为文化遗产的最高机构，负责全国的文化遗产保护工作，其下属的历史纪念建筑基金会，通过出版文物保护书籍、举办各类展览、音乐会、讲座、庆典等形式，促进民众对文化遗产的了解，募集文化遗产保护资金，在法国文化遗产保护中发挥了积极的作用。在地方一级，由地方政府内设的文化事务部专门管理文化遗产事宜。法国设有多个文化遗产的咨询机构，包括文化遗产保护最高委员会、文化遗产保护登记国家委员会等。法国的社团组织在文化遗产保护中发挥了重要的作用，根据统计，法国有 18000 个文物古迹保护社团组织，这些社团组织可以接受国家财政的资助，但其管理和运营是独立的。法国的科研机构也在文物保护方面发挥了重要的作用。①

（四）日本的文化遗产保护以国家保护为主

日本 1950 年颁布《文化财保护法》后，屡经修订，成为日本最重要的文化遗产保护法律。该法律将日本的文化遗产分为有形文化财和无形文化财。尤其是以法律形式开创性地确立了无形文化财的重要地位，对于保存日本的传统文化和技艺具有重要的作用。根据该法律，日本建立了文化遗产的指定、登录和选定程序，实行文化遗产的指定制度，这包括对国宝及重要文化遗产的指定，对体现无形文化遗产的个人及团体的认定制度，还包括对重要文化景观、古建筑周边地区的认定制度。② 根据《文化财保护法》，日本文化财被分为国家指定文化财、县指定文化财和市町指定文化财三种，为此建立了中央与地方分级负责管理的体制，在文部省之外设立文化财保护委员会，负责文化遗产保护的日常工作，在地方层面上指定教育委员会进行地方文化遗产的保护与利用。③

（五）埃及的文化遗产保护实行完全的国家保护

1983 年埃及《文物保护法》第五条规定由埃及文物局为文物保护的行政管理部门；第六条明确规定"一切文物属公共财产"；第七条明确规定"禁

---

① 顾军：《法国文化遗产保护运动的理念与实践》，《江西社会科学》2005 年第 3 期，第 136 ~ 142 页。

② 周星、周超：《日本文化遗产的分类体系及其保护制度》，《文化遗产》2007 年第 1 期，第 121 ~ 139 页。

③ 苑利：《日本文化遗产保护运动的历史和今天》，文化遗产法研究网，2011 年 3 月 8 日访问。

止文物买卖活动"；第八条明确规定个人"禁止收藏任何文物"。① 2010 年埃及《文物保护法》修订时，关于是否开放文物买卖禁令，曾经过激烈的辩论，最后通过的《文物保护法》修订稿仍然坚持文物不准买卖的原则。② 因此，从颁布法律以来，埃及实行的就是绝对的文物国家所有权，将文物的权利配置给国家，由埃及文物局负责全国的文物保护事业，禁止个人收藏文物，禁止任何的文物买卖。埃及之所以要实行如此严厉的文物保护法律，主要是历史上埃及大量的文物资源被盗掘和走私出境，因此埃及采取严厉的文物保护措施，以遏制文物犯罪行为。

综上所述，大多数国家都认为文物保护是国家义务，需要投入资金和人力物力进行文物保护，除了埃及实行较为严格的国家管理制度之外，其他国家的文物保护措施也是在发挥政府的主导地位的同时，积极鼓励社会参与。但各个国家在管理模式和具体做法上都存在着一定区别，有的国家采用垂直管理的模式，有的国家兼具中央政府管理和地方政府管理两种模式，有的国家采用属地管理模式。③ 这些管理模式的不同特点，主要是与各个国家的政治、经济和文化的特点以及文物的现实环境相一致的。

二、中国的文物所有权配置特点

1982 年、2002 年及 2007 年的《文物保护法》对文物所有权的配置都非常明确，即确立的是以国家所有权为主要形式的文物产权，同时，国家也承认部分文物的集体所有权和私人所有权。这其中也有一些变化。1982 年《文物保护法》承认部分文物的集体所有权和私人所有权，主要是限于一些纪念建筑物、古建筑和传世文物。私人的文物只能卖给文物商店，严禁私人之间的文物商业交易行为；④ 2002 年《文物保护法》不仅明确了国家所有的文物范围，并强调了文物的国家所有权不因委托保管单位的变更而改变，不因土地使用权和经营权的改变而改变，同时也对民间收藏文物的依法流通进行了

---

① 国家文物局网站，http：//www. sach. gov. cn/publish/portal0/tab88/，2011 年 3 月 7 日访问。

② 《埃及重新修订文物保护法》，中国文化网，http：//www. chinaculture. org/gjdt/2010 -02/11/content_ 370974. htm，2011 年 3 月 7 日访问。

③ 刘世锦：《中国文化遗产事业发展报告（2008）》，社会科学文献出版社，2008 年，第 71 页。

④ 1982 年《中华人民共和国文物保护法》第五条、第二十四条。

规定。对于文物的商业交易行为实行的是国家管控体制，限定在合法的文物拍卖公司和文物商店进行。①

（一）文物的三种所有权形式

国家所有的文物包括不可移动文物和可移动文物两部分。不可移动文物主要是 2002 年《文物保护法》第五条规定的古文化遗址、古墓葬、石窟寺以及国家指定保护的不可移动文物。国家所有的不可移动文物所有权的取得方式，分为原始取得、继受取得两种，以原始取得为主要形式。我国境内遗存的文物遗址，如无特别规定，适用于原始取得方式，但也有一些民居或古建筑因所有权主体变更成为国家的财产。国有不可移动文物的所有权不因其依附的土地权属的变更而变更。② 国有可移动文物的范围主要是 2002 年《文物保护法》第五条规定的五类方式，包括出土文物，国有文博单位或其他国家机关、部队和国有企业、事业组织收藏保管的文物，国家征集的文物，捐赠给国家的文物以及法律规定属于国家的其他文物。国有可移动文物的所有权，不因保管和收藏单位的机构变更而改变。③

中国的文物国家所有权具有以下几个特征：第一，所有权主体属于国家，具体为中央人民政府，所有权主体具有唯一性和整体性，地方各级政府及企业事业组织都不是文物的国家所有权主体。第二，所有权客体具有广泛性，包括不可移动文物和可移动文物，文物的范围、种类都具有广泛性。④ 第三，责任主体的多元性。文物的国家所有权并不意味着国有文物都由国家来占有，国家必须在全社会范围内对文物进行合理的分配，交给国家机关、企事业单位进行占有和使用，并由这些单位承担文物保护的责任。这也是文物分级管理和属地管理的原因。根据 2002 年《文物保护法》的规定，在中央人民政府的统一领导下，由国务院文物行政部门负责全国文物保护工作，由地方政府负责行政区域内的文物保护工作，按照法律规定的职权，代理行使文物的国家所有权。对于不同类型的文物建立不同的保管机构进行保护。对于古建筑、文化遗址等不可移动文物，设立不同级别的文物保护单位进行管理，对

---

① 2002 年《中华人民共和国文物保护法》第五条、第六条、第五十条。

② 具体规定见 2002 年《中华人民共和国保护法》第五条，对其分析参见李晓东：《文物保护法概论》，学苑出版社，2003 年，第 71 页。

③ 具体规定见 2002 年《中华人民共和国保护法》第五条，对其分析参见李晓东：《文物保护法概论》，学苑出版社，2003 年，第 73 ~ 77 页。

④ 参见李晓东：《文物保护法概论》，学苑出版社，2003 年，第 78 页。

于可移动文物，主要通过建立博物馆、纪念馆等文博机构来进行永久性的保存和保护。通过建立考古研究所等科研机构开展科研考古及部分出土文物的保存研究工作。因此，文物的国家所有权主体的单一性和责任主体的多元性是文物国家所有权的主要特点。

在实践中，我们国家还存在着大量集体所有的文物，包括纪念建筑物、古建筑和传世文物等。由于历史原因，一些具有历史价值的民居或古建筑被分配给不同的机关、群众团体及个人使用，有的成为集体的财产，有的成为个人所有的财产。这些集体所有的文物，其所有权的主体为集体组织，由集体组织的法人代表行使集体文物的占有、使用、收益和处分的权利。文物集体所有权的取得方式主要是历史取得，因特殊的历史环境取得文物的所有权。文物的集体所有权客体一般由国家明确规定，如没有明确规定权属的文物，属于国家所有。因此，某些存在于集体所有产权财产上的文物，其产权并不必然是集体所有权。例如在农村集体所有的土地上保留的古文化遗址和古墓葬等，如无特别规定，属于国家所有。至于农村集体的土地使用权与附着于该土地上的文物的国家所有权的关系，有学者认为应适用民法及物权法体系中的相邻关系来处理。①

民间私人收藏的文物主要包括不可移动文物和可移动文物两种，以可移动文物为主。不可移动文物主要是名人故居、建筑旧址以及仍在使用的古民居等。私人收藏的可移动文物主要是传世文物以及一些通过依法流通取得的文物。取得方式主要是继受取得，通过买卖、交换、赠与、继承等方式取得文物的所有权。私人所有权的主体是公民个人。根据2002年《文物保护法》的规定，文物的私人所有权不是绝对权，其使用和收益具有一定的限制性要求。例如，私人手里拥有的珍贵文物不能通过拍卖等形式进行市场交易。

（二）文物国家所有权的物权属性

2007年的物权法规定了国家所有权、集体所有权和私人所有权，同时规定三种所有权都受法律的同等保护。物权法是适用于对物的归属和利用而产生的民事关系。物权本质上是一种民事权利。国家所有权从本质上也是一种物权，是一种民事权利，是对物的使用、收益和处分的权利，这也包括对物的用益物权和担保物权。同时，国家所有权并不是不受限制的处分权利，根据2007年物权法的规定，国家机关及国家举办的事业单位对国有资产的使用

---

① 李晓东：《文物保护法概论》，学苑出版社，2003年，第81页。

和收益要按照法律和国务院有关规定进行处分，这一点与私人所有权还是有所区别。

《物权法》第五十一条规定："法律规定属于国家所有的文物，属于国家所有。"这是与《文物保护法》相衔接的条款。2007年的《物权法》和2002年的《文物保护法》，在所有权的规定上是一致的，都规定了国家所有权、集体所有权和私人所有权，两者属于普通法和特别法的关系，对文物国家所有权的行使，应主要按照文物保护法的规定进行。文物这种物与物权法规定的其他物的特殊之处在于，文物不是单纯的流通物，而是受保护的物，对其流通的目的不是以获得收益为目的，而是以文物最大限度流传后世为目的。因此，文物的国家所有权的行使机关或事业单位，对文物的使用和收益必须按照文物保护法及国务院的有关规定进行处分，从法律和相关规定来说，其物权的处分同样是不完全的，表现在国有文物在转让、交易、经营等各方面的限制。例如，《文物保护法》第五十一条规定的除非国家允许，公民、法人和其他组织不得买卖国有文物，第五十五条规定的民间收藏文物的交易行为只能在文物商店及拍卖企业进行。

即使文物的国家所有权是限制的物权，但作为一种民事权利，在理论和实践上还是需要区分行政权和国家所有权。目前我们国家的行政权和国家所有权行使主体是高度重合的，即都由行政机关代表国家行使权利。有学者指出，由于国家所有权首先是一种民事权利，应当遵循民事权利的行使规则，不能以行政权代替民事权利的行使。应当通过行政权和国家所有权的区分，促使行政权与国家所有权的适当分离，使行政权的行使不再借助国家所有权的形式，而是通过法定程序进行管理，国家所有权也不再利用行政权力及行政结构来实现权利的收益。①

（三）文物国家所有权行使主体的多元性

文物国家所有权的一个特点就是责任主体的多元性。不同类型不同地区的文物由不同的主体进行占有和使用。具体来说，我们国家的文物管理和经营体制以分类、分层、分级和属地管理为特点。包括文物工作的行政管理机关、文物收藏和保管单位、文物经营单位三类。文物行政管理机关按照政府级别，已经形成了国务院、国家文物局、省级文物局或文物管理委员会、市

---

① 刘应民：《论国家所有权的行使》：《武汉大学学报（社会科学版）》2003年第九期。

县级文物局或文化局的文物行政管理序列。公安、海关等部门也承担着部分文物执法的职能、文物收藏和保管单位包括博物馆、图书馆、各级文物保护单位、文物考古研究机构等。文物经营单位主要是指文物商店及文物拍卖企业。

文物的国家所有权采用分级所有的国家所有权结构。这一点与其他国有资产的所有权结构具有逻辑上的一致性。分级所有的国家所有权结构的优势在于降低了管理层次，节约了权利行使的成本，对地方政府也是一个激励。[①]对文物国有所有权的行使方式，主要是使用行政控制的方式。行政控制的方式有利有弊，优点是其文物保护的动员系统较为完整，有利于集中有限的资源，而且在中国的治理实践中具有权威性；其弊端也很明显，主要是"行政主体与文物所有权的代理者身份的重合、行政部门的自利性、行政权限结构的复杂性"，[②] 对文物保护的效率具有一定的影响。另外，文物的国家所有权在人们的文物意识也会产生一些负面影响，正如费孝通先生在《乡土中国》中提到："公共财产在人们观念中的真实地位，一说是公家的，差不多就是大家可以占一点便宜的意思，有权利而没有义务了。"[③]

三、文物管理体制的有效性分析

（一）多层次的委托代理制度

文物管理体制是实现文物的国家所有权的重要组织形式。

根源于中国的治理实践中的文物管理体制实质上是一种委托代理制度，由代表国家的中央政府将文物保护的监督和管理权限委托给地方政府，使得地方政府成为文物日常管理的责任主体和财政支持主体，而地方政府则将具体管理责任委托给各类文博单位。这是一种多层次的委托代理体制。这种管理体制的特点是以公有制为主体，以管理的非营利性为特征，以分级属地化管理为手段，实行的是纵向文物行政部门的多层级管理与横向各政府职能部门齐抓共管的格局，即所谓的条块结合的管理体制，具体表现在从中央到各区县文物行政部门的垂直管理与各级政府文物、文化、建设、旅游等职能部门分别负责的横向管理格局。各政府部门再将其下属的文物资源委托给文博

---

① 刘应民：《论国家所有权的行使》，《武汉大学学报（社会科学版）》2003 年第九期。

② 陈刚：《文物国家所有权研究》（非出版物），华东政法学院 2006 年硕士学位论文。

③ 费孝通：《乡土中国 生育制度》，北京大学出版社，2003 年，第 54～58 页。

单位进行管理。①

（二）文物管理体制的优势

中国的文物管理体制的优点在于每一个层级都有责任主体进行文物保护，在某种程度上适应了文物保护的地方特点，并有利于集中有限的资源，有重点、有步骤地保护和保存文物资源，能够发挥巨大的保护作用。从总体上来说，各地的国有博物馆、其他文物保管单位累计保存了超过 2600 万件（套）各类文物，这是私人保存所不能比拟的。一些历史文化名城、名镇、名村受到较好的规划和保护，在文物旅游业中获得了较好的经济效益。各地的考古发掘队伍在基本建设过程中，抢救了大批的珍贵文物，尤其是在三峡工程、南水北调工程等重大基本建设中发挥了重要的文物保护作用。中国的文物保护单位制度发挥了文物古迹的"护身符"作用，使得大批的文物古建、文化遗址、碑林石刻较为完好地保存了下来，尤其是第一批全国重点文物保护单位，由于公布及时，保护得当，在历次政治运动中，只有 1 处文物保护单位遭到毁坏，其他文物保护单位都较为完好地保存了下来，体现了文物保护单位制度的巨大价值。

由于实行了国家保护，《文物保护法》的一些具体规定能够得到较好的落实，例如文物保护单位的"四有"工作等。全国重点文物保护单位由于级别高，各级政府重视程度高，"四有"工作的落实情况较好，基本上都划定了保护范围、树立了标志牌，记录档案也较完整。例如，2003～2008 年，中国文化遗产研究院承担了全国重点文物保护单位记录档案的备案工作项目，该项目的一个成果是完成了第 1～5 批 1271 处全国重点文物保护单位共 8924 卷记录档案的制作备案工作。这批档案符合国家档案归档要求，标准化程度高，资料齐全完成。② 省市级文物保护单位四有工作的落实情况也较好。以北京市的市级文物保护单位为例。北京市 1957～2011 年总共正式公布了市级文物保护单位 358 处。③ 北京市政府分 6 批划定了市级文物保护单位保护范围及建设控制地带，共涉及市级文物保护单位 327 处，使 2011 年之前公布的前

---

① 刘世锦：《中国文化遗产事业发展报告（2008）》，社会科学文献出版社，2008年，第 39、53、166 页。

② 《全国重点文物保护单位记录档案备案工作结项报告（卷一）》（非出版物），中国文物遗产研究院，2009 年 6 月，19、20 页。

③ 《北京市级文保单位新添 31 项》，新浪网，http://tech.sina.com.cn/d/2011-03-07/16115255895.shtml，转引自 2011 年 3 月 7 日《北京晚报》，2011 年 9 月 18 日访问。

七批市级文物保护单位全部划定了保护范围及建设控制地带。2011 年 3 月 7 日又新划定了 8 处文物保护范围。① 这就意味着，1984～2011 年，北京市政府公布的 358 处市级文物保护单位大部分均已划定了保护范围及建设控制地带，划定率为 93%。北京市文物局在市级文物保护单位的四有工作方面是做得比较好的。总体来说，文物保护单位级别越高，得到政府和民众重视程度越高，其"四有"工作的落实情况越好。

（三）文物管理体制所面临的困难

中国的文物管理体制存在着管理效率低下、社会效益不能充分发挥的问题：

1. 全国文物资源基数太大，文物行政管理部门人力物力有限，难以有效地对各类文物进行全方位的保护，许多文物保护单位实际上处于无人管理的状况。例如，北京市 517 处区级以下文物保护单位②大多隶属关系复杂、管理经费缺乏，甚至大多数无人管理。③ 北京市各区文化委员会负责文物口的工作人员一般只有几个人，根本无力对全区的文物保护单位进行有效的监管，许多文物保护单位处于无人管理、任其损耗的境地。

2. 地方政府作为经济建设的主体和文物保护的责任主体，在经济建设和文物保护的目标上，在政府绩效的评估上，往往存在着矛盾。由于委托体制的特点，地方文物行政部门在政府法人违法上实际上很难进行有效监督，使得长期以来经济建设和文物保护之间冲突的结果，常常以文物受到建设性破坏为结局。

3. 在这种管理格局中，文博单位的隶属关系较为复杂，形成文博单位的交叉管理关系，一定程度上影响了文博单位的运行自主性。例如，北京市博物馆的隶属关系就较为复杂，有北京市文物局所属的博物馆，有各区县文物管理委员会所属的博物馆，还有非文物系统的博物馆，包括中央所属的博物

---

① 《北京市级文保单位新添 31 项》，新浪网，http：//tech. sina. com. cn/d/2011 - 03 - 07/16115255895. shtml，转引自 2011 年 3 月 7 日《北京晚报》，2011 年 9 月 18 日访问。

② 《北京市第三次文物普查成果分析报告（一）》，http：//www. bjww. gov. cn/2004/ 7 - 27/3011. html，北京文博，2011 年 2 月 16 日访问。

③ 《海淀区文物资源状况及保护利用的调研报告》，北京文博，http：// www. bjww. gov. cn/2004/6 - 28/100. html，2011 年 2 月 16 日访问；齐鸿浩：《门头沟地区的区级文物保护单位现状调查报告》，北京文博，http：//www. bjww. gov. cn/2004/7 - 27/ 3014. html，2011 年 2 月 16 日访问。

馆，北京市所属的博物馆，还有民办的博物馆。① 这种条块分割的文博单位管理格局，实际上部分抵消了统一的文物管理体制所带来的资源分配优势，使得各类博物馆在资源投入上有着很大差异，因此也造成了文博单位在文物保护和观众服务上的差异。

4. 在事业单位体制下，一些文博单位在保护理念、人员管理、服务质量、服务效率上都停留在计划经济时代，内部的科学化和精细化管理程度不高，国家资金使用效率不高，财政预算的编制和执行力较差，也没有形成有效的内部激励机制，文博单位的社会效益没有能够很好地发挥。

5. 由于文物管理体制是建立在公益性社会事业的理念上，因此，这种行政管理为主体的管理体制基本不考虑营利目标，文博行业经济效益的发挥往往受到忽视。这种现状在 20 世纪 80 年代以来的经济体制改革环境下有了一些变化，尤其是市场经济形成过程中，文博行业开始结合旅游等产业提出文化产业的目标，但由于长期非营利的行政管理的主导思维，导致多年来文博行业文化产业的经营政策、文化产业经营理念缺失，尤其是既懂文博行业又懂文化经营的人才极其缺乏，文博行业的经济效益的产业转型之路倍感艰难。

6. 在现有的文物管理体制下，大部分文博单位都是国有事业单位，这种事业单位体制在与社会营利性机构进行合作时，遇到的困难不仅在于相关制度、政策和配套措施的不完善，而且在于自身形成的管理制度的阻碍。我们国家一般采取事企分开的方式进行市场化运作，将文博单位的主业资源与其他资源进行剥离，依托藏品、展览等优势进行市场化运作。这种方式的困难之处在于所有权和经营权之间难以隔断的关系。市场运营部分的资金调度权和资源使用权要受制于事业单位的行政报批体制和财政使用体制，其利润的提取方式和额度不能有效地激发面向市场人员的积极性，以致国内大多数文博单位的文化产业尝试都收效不大。这实际上是长期以来形成的行政管理体制和思维在文博单位的延续和反映。

四、文物国家所有权的行使成本及投入产出效益

鉴于文物的公益性质，文物的国家所有权有其合理性。大多数国家在其文物保护的法律中也规定了文物的国家所有权，例如埃及《文物保护法》规

---

① 转引自刘世锦：《中国文化遗产事业发展报告（2008）》，社会科学文献出版社，2008 年，第 42 页。

定一切文物属公共财产。但是，这种合理性仅仅是带有价值判断的描述，并不意味着文物的国家所有权在实践中必然能够得到最好的运行，必然取得最优的文物保护效果。要分析文物国家所有权这一权利初始配置的法律效果或者说法律后果，还应该考虑现实中文物国家所有权的行使方式、投入成本，考察其行使效率，以最终比较其法律效果。

由于中国的文物国家所有权是文物所有权的主要形式，因此，对文物保护法的所有权配置及其法律效果分析，应以国家所有权的配置和行使为主要对象。从文物保护法所有权配置及其法律效果的角度看，我们应该追问的是，文物的所有权配置是否带来了文物保护的效率与安全？与之关联的问题是：文物的所有权配置带来的投入成本与收益的关系，文物国家所有权形成的原因和运行的机制是什么？文物国家所有权的行政化行使的影响又是什么？文物国家所有权行使主体的多元性和复杂性带来的后果是什么？①

2002 年《文物保护法》规定文物工作的方针是"保护为主、抢救第一、合理利用、加强管理"，在实际工作中经常以追求国有文物的社会效益指代这一方针的精神，尤其是用来指代合理利用文物这一内涵。由于文物首先是保护和抢救，其次才是合理利用，而且为了做好文物保护工作，必须加强对各级各类文物保护机构的管理和投入。从国有文物的数量及保护的整体形势来看，无疑保护和管理的任务是相当艰巨的。2007 年 4 月开始的第三次全国不可移动文物普查，2011 年公布的最终结果显示：全国共登记不可移动文物766722 处（不包括港澳台地区）。其中，新发现登记不可移动文物 536001处，复查登记不可移动文物 230721 处。1961～2006 年，我国共公布了六批全国重点文物保护单位，分别是 1961 年的 180 处，1982 年的 62 处，1988 年的 258 处，1996 年的 250 处，2001 年的 518 处，2006 年的 1080 处，共计2348 处，② 全国各级文物保护单位则有 7 万多个。核定公布了 110 座国家历史文化名城，350 处国家历史文化名镇、名村。拥有世界遗产 40 处，各类博物馆 3200 座，每年举办 10000 项左右的文物展览。③ 如此巨大的文物保护数

---

① 参见陈刚：《文物国家所有权研究》，华东政法学院 2006 页硕士学位论文。

② 《资料信息：全国重点文物保护单位》，国家文物局网站，http：//www. sach. gov. cn/tabid/96/InfoID/16/frtid/96/Default. aspx，2011 年 2 月 14 日访问。

③ 《国家文物局：我国有不可移动文物 91 万余处》，中国西藏新闻网，http：//www. chinatibetnews. com/wenhua/2010 - 11/03/content_ 575746. htm，2011 年 2 月 14 日访问。

量，如需要达到切实的保护程度，其投入的维护和管理成本也是巨大的。

下面我们主要以文物保护单位和博物馆的经费投入数据来分析文物的国家所有权的行使成本。之所以选择这两组数据，原因是文物保护单位是我们国有不可移动文物的主要保护形式，而博物馆是国有可移动文物的主要保存机构。数据主要来源于文化部计划财务司编撰的《中国文化文物统计年鉴》，时间跨度为 1996～2015 年。

（一）各级文物保护单位的运行成本（1996～2015 年）

根据 2007～2011 年全国第三次文物普查的结果，我国登记在册的不可移动文物近 77 万个，公布为各级文物保护单位的数量约为 7 万个，占不可移动文物总数的 17.5%，从比例上并不多，但绝对数量也很大。由于文物保护单位其所有权属于国家，按照法律规定，国家应当为这 7 万个文物保护单位的维护进行经费投入。因此，我们可以从文物保护单位的经费投入和支出情况，对文物保护单位的运行情况有一个初步了解，并推论不可移动文物的保护现状。

文物保护管理机构的收入结构包括财政补助收入、上级补助收入、事业收入（含门票收入）、经营收入、附属单位上缴收入以及其他收入等六大块。支出结构包括事业支出、经营支出、对附属单位补助支出、从业人员劳动报酬（含职工工资总额）、税金支出、社会保障费、修缮费、设备购置费、业务费（含宣传出版费、文物征集费、藏品保护费、陈列展览费）、考古发掘费、文物保护单位维修费等。从文物保护管理机构历年机构数及年度总收入和总支出情况看（表 2-1），[①] 文物保护单位的管理机构在 2015 年达到 3307 个，其中国有机构单位为主体。也就是说，7 万个文物保护单位中只设有 3000 个左右专门的文物保护管理机构管理。从整体上来说，文物保护单位管理机构相对文物保护单位的覆盖率是比较低的。按照《文物保护法》的规定，文物保护单位必须实行"四有"工作程序，其中最关键的是要设置专门

---

① 《中国文化文物统计年鉴》中的文物保护管理机构并不完全是指文物保护单位，而是包括文物部门、宗教部门、园林部门及其他部门在内的文物保护管理机构，但以文物部门为主体。例如 2009 年该年鉴统计数据中，全国文物保护管理机构为 2263 个，其中文物部门为 2254 个，宗教部门和园林部门没有统计，其他部门为 9 个，因此，《中国文化文物统计年鉴》中的文物保护管理机构基本是指文物保护单位。本表格数据来源于历年《全国文物业基本情况》统计表、《全国文物业收入与支出基本情况》统计表、《全国文物保护管理机构基本情况》统计表、《各地区文物保护管理机构基本情况》统计表，见文化部计划财务司：《中国文化文物统计年鉴》，国家图书馆出版社，1996～2015 年。

机构或者专人来管理。但是，由于需要保护的不可移动文物众多，即使在需要重点保障的文物保护单位方面，政府的资源也明显不敷使用，其机构覆盖率只达到 0.04%，平均来说，一个文物保护管理机构需要管理约 21 个文物保护单位，这实际上也体现了国家在文物保护方面的困难。

从成本角度来说，对文物保护管理单位的机构不能无限设置，资源也不可能无限投入，对文物保护单位的管理和保护情况只能维持在某一个水平上。从 1996 年至 2015 年，20 年间文物保护管理单位的年度总收入和总支出都呈逐年增长趋势。年度总收入从 1996 年 536185 千元（约 5 亿元）增长至 2015 年的 8754600 千元（约 87 亿元），总收入增长了约 17.4 倍。年度总支出从 1996 年的 498907 千元（约 4.9 亿元）增长至 2015 年的 7902465 千元（约 79 亿元），总支出增长了约 16 倍。从增长幅度来说，总收入和总支出的增长曲线是一致的，年度总收入和年度总收支基本维持在收支相抵的水平。这些数字都没有考虑通货膨胀的因素。文物保护管理机构的年度总收入包含政府财政投入和单位事业经营收入两大块内容，其中的财政补助和上级补助收入代表了国家对文物保护管理机构的投入规模和额度，间接上体现了国家在文物保护单位保护方面的投入情况。从历年国家对文物保护管理机构的投入费用上看，从 1996 年 158463 千元（约 1.5 亿）到 2015 年的 6488702 千元（约 64.8 亿）。从这些数据可以看出三点：第一，不可移动文物保护管理机构逐年在增加；第二，国家投入不可移动文物的保护经费年年在增长；第三，从 1996 年到 2015 年，20 年间国家财政投入不可移动文物保护管理的经费增长了约 40 倍，投入力度不可谓不大。

表 2 - 1　文物保护管理机构历年机构数及年度总收入和总支出情况①

时间（年）	机构总数（个）	年度总收入（千元）	年度财政补助（含财政补助和上级补助收入两块）（千元）	年度总支出（千元）
1996	1869	536185	158463	498907

---

① 数据来源于文化部计划财务司：《中国文化文物统计年鉴》，国家图书馆出版社，1996～2015。

时间（年）	机　构　总　数 （个）	年度总收入 （千元）	年度财政补助 （含财政补助 和上级补助收 入两块）（千 元）	年度总支出 （千元）
1997	1886	656178	183922	594662
1998	1902	709008	195281	725758
1999	1937	786000	213437	789137
2000	1976	847118	242270	847558
2001	2007	757406	298375	720926
2002	2095	961822	329590	837052
2003	2117	996592	393797	883825
2004	2151	1606549	483674	1430238
2005	2186	2143356	555190	1871850
2006	2204	2252866	623382	2028654
2007	2229	2694095	882898	2354166
2008	2223	3119157	1277977	2761867
2009	2263	3089487	1474012	2905600
2010	2436	3659036	1879729	3307482
2011	2735	4636090	2402142	4194248
2012	2705	5357789	3397376	4599878
2013	2809	8195571	5429423	7054111
2014	3280	7573034	5520203	6897686
2015	3307	8754600	6488702	7902465
总数	46317	59331939	32429843	53206070
平均数	2315	2966596	1621492	2660303

以上文物保护管理机构的经费投入实际上是文物保管机构的日常运营及维护费用，并没有包括文物的专门修缮经费，实际上国家采用专项经费的方式进行文物的保护和维修。每年国家要拨付文物保护单位修缮专项经费，而

这些专项经费才是国家投入的重点。从 1996 年至 2015 年，历年文物保护单位的维修项目平均为 1520 个左右，峰值为 2012 年，达到 2808 个。国家级文物保护单位的维修项目平均为 502 个，峰值为 2012 年，达到 1082 个。每年国家拨付的文物保护单位的修缮专项经费，根据修缮的项目不同而有差异。从年度收支平均数来看，从 1996 年至 2015 年，平均每年要投入 1710893 千元（约 17 亿元），峰值为 2012 年，达 7336235 千元（约 73 亿元）。从 1996 年至 2015 年间，每年实际维修费用平均支出 1650718 千元（约 16 亿元），峰值为 2015 年，达到 5010835 千元（约 50 亿元）。从 1996 年至 2015 年，国家级文物保护单位的维修费用均值为 785864 千元（约为 7.8 亿元），峰值为 2012 年，达到 4070182 千元（约为 40 亿元）。（表 2 - 2：历年各地区文物保护单位维修项目情况）。从文物保护专项经费的投入情况看，文物保护专项经费的国家投入要远远大于同年度国家对文物保护管理机构的日常运行费用的投入，这也显示了国家对文物保护专项保护的重视。

从国家对文物保护管理机构运行费用的投入和对各级文物保护单位专项维修费用的投入来看，为了实现对文物保护单位的保养、维护和运营，从国家财政拨款、上级补助拨款的角度计算国家的投入费用，从 1996 年至 2015 年的 20 年间，国家每年大约平均投入 1621492 千元（约 16 亿元）；如果按年度平均收入来计算，则达到 2966596 千元（约 29 亿元）；平均支出约 2660303 千元（约 26 亿元）。当然，这些数字没有进一步计算每年通货膨胀率的影响。很显然，1996 年的单位货币价值要大于 2015 年的货币价值，因此，平均值并不能完全反映文物保护管理机构和文物保护专项修缮费用的情况，但这个数字大致反映了国家在文物保护单位的运行和维护方面的投入情况，从一个方面反映了文物保护的成本情况。20 年间，如果不考虑通货膨胀的因素，从国家财政拨款及上级财政补助的角度，大约可以计算出国家在文物保护方面投入的额度约为 324 亿元；从总收入的角度，文物保护管理机构运营和文物保护单位修缮的总费用约 593 亿元；从实际支出的角度计算，文物保护费用支出约为 532 亿元。由于后者是实际支出的费用，因此更能反映文物保护的实际成本和运行情况。也就是说，文物保护管理机构运营及文物保护单位专项修缮费用大约是 532 亿元。虽然 532 亿元的成本主要用在 1500 个左右的文物保护单位上。但由于这些经费是我们国家在 20 年间文物保护单位的总投入，因此，如果以全国 7 万个文物保护单位这一基数计算的话，从理论上我们可以推算出每一个文物保护单位的投入成本。我们国家有约7万个各级文物保护单位，按照532亿元的投入计算，20年间每一个文物保护单位约投入760086元（约76万元），每年平均一个文物保护单位投入约38004元，每月平均一个文物保护单位投入约3167元。

表2－2　历年各地区文物保护单位维修项目情况①

时间（年）	维修项目（个）	国家级维修项目（个）	年度实际收入（千元）	年度实际支出（千元）	国家级维修项目支出（千元）
1996	1008	234	273650	249583	102452
1997	1063	270	351037	978115	185080
1998	1048	267	254730	254961	151321
1999	1081	241	275797	261350	114427
2000	1003	222	264862	255557	100031
2001	948	270	471379	481080	172184
2002	932	268	534957	515576	183385
2003	1153	280	692462	720797	245062
2004	1472	369	965256	802653	483269
2005	1355	369	812625	789862	322542
2006	1498	531	1458609	1097455	708577
2007	1626	589	1082271	901969	487468
2008	1753	692	1235799	1099923	574767
2009	1999	643	2403983	1722492	885973
2010	2343	824	5451816	4729647	3456585

①　数据来源于《中国文化文物统计年鉴》中的《〈全国文物业基本情况〉统计表》《〈各地区文物保护单位维修基本情况〉统计表》，2002年统计表统计分类更精细化，国家级文保单位维修项目及经费支出情况取自《全国文物业基本情况》统计表，而维修项目、年度实际收入和支出数据取自《各地区文物保护单位维修基本情况》统计表。与2002年之前数据统计来源略有出入，但其数字不妨害对文保单位维修项目进行整体评价。《各地区文物保护单位保护、维修基本情况》只统计到2012年。2013年后该统计项目取消，应该是归入项目支出中，所以2013～2015年文物维修保养实际支出数字使用《全国文物保护管理机构基本情况》中的项目支出一栏。所以，年度实际收入和国家基维修项目支出的平均数是按照17年算。

续表

时间（年）	维修项目（个）	国家级维修项目（个）	年度实际收入（千元）	年度实际支出（千元）	国家级维修项目支出（千元）
2011	2573	979	5643718	2574249	1116387
2012	2808	1082	7336235	5010835	4070182
2013	1142	471		2775286	
2014	1687	677		3393586	
2015	1921	761		4399400	
总计	30400	10039	29085185	33014376	13359692
平均数	1520	502	1710893	1650718	785864

（二）国有博物馆运行成本（1996～2015 年）

各级博物馆主要承担了国有可移动文物的保管和保护工作，至 2015 年，全国拥有各级各类博物馆 3852 个，藏品总数为 30441422 件（套）。2016 年全国可移动文物普查的数据，藏品总数为 10815 万件（套）。由于博物馆藏品并不完全是文物，还有一些实物资料，因此博物馆实际保存的可移动文物要少于这个数字，但文物在博物馆藏品中是主体，因此 1 亿多件（套）的藏品总数反映了我国博物馆保有国有可移动文物的总体情况。那么，各级博物馆的财政投入和运营费用情况如何？（表 2 - 3）

1. 国家财政投入情况

1996～2015 年 20 年间，国家财政投入 36319480 千元，即 363 亿元。平均一年投入 1815974 千元，即 18.1 亿元。按照全国 1545 个博物馆的数字计算，每一年每一座博物馆投入约为 1175 千元，即 117.5 万，每月投入约为 97.9 千元，即 9.79 万元，约为 10 万元左右。

2. 博物馆收入情况

博物馆总收入不仅包括国家财政投入，也包括事业收入和经营收入，从历年总收入情况来看，20 年间博物馆总收入为 60519000 千元，即 605 亿元，平均一年收入约为 3025950 千元，即 30.2 亿元。除于历年全国平均 1545 个博物馆，平均每一年每一座博物馆收入约为 1958 千元，即 195.8 万元，每月一座博物馆平均收入为 163 千元，即 16.3 万元。扣除国家每月投入的 10 万元，每月一座博物馆的事业和经营性收入净收益为 6.3 万元左右。

3. 博物馆支出情况

从历年总支出情况来看，20 年间博物馆总支出 131103945 千元，即 1311 亿元。平均一年支出约 6555197 千元，即 65.5 亿元。除于历年全国平均 1545 个博物馆，平均每一年每一座博物馆支出约为 4242 千元，即 424.2 万元，每月一座博物馆平均支出为 353.5 千元，约 35 万元。

从上述数据来看，1996 ～ 2015 年每年全国平均 1545 个博物馆，每月国家财政投入约 10 万元，博物馆事业和经营性收入约 6 万元，支出约 35 万元，收入难以弥补支出。国家财政投入约占博物馆经费来源的 60%，显示了国家财政投入在博物馆运营中的重要性。由于博物馆支出实际上反映了每月博物馆的运行成本，因此可以认为平均每月博物馆的运行成本约为 35 万元。

表 2 - 3　博物馆收支情况①

时间	机构数（个）	藏品数（件、套）	展览数（个）	观众（千人次）	项目支出（千元）	财政投入（千元）	总收入（千元）	总支出（千元）
1996	1210	9076155	5191	82651	131471	427202	962938	859960
1997	1274	9160101	7588	90364	177315	508482	1143543	1031421
1998	1331	9312071	6116	88438	197174	587297	1199213	1156839
1999	1356	9506191	6757	92463	284308	709059	1397806	1308061
2000	1384	9813923	17752	85400	256556	760718	1507916	1445426
2001	1454	7522880	8644	79550	344624	1053927	2051256	1809346
2002	1504	10818612	8111	79800	347680	1282039	2435844	2071979
2003	1507	12228912	5809	62062	386718	1325862	2347812	2268964
2004	1548	12856434	5090	97364	741800	1583751	2957712	2631812

① 数据来源于《中国文化文物统计年鉴》中的《全国各地区博物馆基本情况》统计表，展览数包括基本陈列和专题或临时展览，由于基本陈列是长期展览，历年统计会有很大一部分重复，因此实际年度举办展览数要小于统计数字。从 2005 年开始，该数字不分基本陈列和临时展览。财政投入为财政补助和上级补助收入两块．项目支出这块，2005 年前是按照业务费来进行统计的，包括文物征集、陈列展览和社教宣传等业务活动支出，但不包括考古发掘费用和文物保护专项支出，因此 2002 年至 2004 年的数据扣除了发掘费。2005 年后，这一块按照项目支出来统计，其范围会大于原来的业务费，因此 2005 年的数据明显增长很多。

续表

时间	机构数 （个）	藏品数 （件、套）	展览数 （个）	观众 （千人次）	项目支出 （千元）	财政投入 （千元）	总收入 （千元）	总支出 （千元）
2005	1581	16199377	5929	118191	1013644	1822419	3445392	3198616
2006	1617	13024192	5879	120324	1176781	2227206	4099266	3635177
2007	1722	13760448	7689	256249	1512963	2867617	5063749	4720816
2008	1893	14554158	8364	283280	2160731	4575070	6091613	5724396
2009	2252	15711150	14037	327156	3025596	5692991	7659240	7007204
2010	2435	17552482	17297	4067930	4013625	7288771	9611760	8787265
2011	2650	19023423	16921	470506	5979443	9910364	12057889	11711313
2012	3069	23180726	20115	564010	7250192	12037889	14920242	14248022
2013	3473	27191601	16822	637765	9081530	14027807	17557386	17068968
2014	3658	29299673	19565	717738	10412707	15846683	19555119	18741974
2015	3852	30441422	21154	781116	11592107	17284589	21699873	21676386
总计	3852	30441422	224830	9102357	60086965	36319480	60519000	131103945
年均	1545		8069	133092	3004348	1815974	3025950	6555197

4. 基本的结论

国有文物保护分为不可移动文物和可移动文物保护两大类，前者以文物保护单位制度最为重要，后者以国有博物馆保护为主。从上述分析来看，每月平均一个文物保护单位投入约 3167 元，每月平均一座博物馆运行成本约为 35 万元。

很显然，从经费数额上看，博物馆在经费保障上要远远好于文物保护单位。但考虑到文物保护单位的基数是 7 万，而博物馆的平均基数是 1545 座，这样的比较不太准确。从总量上看，20 年间全国文物保护单位的投入是 593 亿元，全国国有博物馆的投入是 605 亿元，两者的投入在总量上基本持平。博物馆的投入力度要略大于文物保护单位。综合以上数据，我们可以得出的一个初步结论是，20 年间文物的国家所有权行使成本约为 1198 亿元，平均每月成本 5 亿元，这 5 亿元的基数是 7 万文物保护单位和 3000 多座国有博物馆。

（三）文物国家所有权的社会效益分析——以博物馆为例

由于文物的公益性质，一般以文物所带来的社会效果来指代其社会效益。以博物馆为例，文物的社会效益体现在每年博物馆举办的展览数和参观的人数。那么，从博物馆的相关数据看，全国国有博物馆的 20 年投入 605 亿元带来的社会效益是什么？

从 1996 年至 2015 年，全国的国有博物馆共举办展览 224830 个，每年平均是 8069 个。这个数字包括基本陈列和临时展览两个部分。从绝对数量上看，确实举办了很多展览。但如果按照 1545 个博物馆每年共 8069 个展览的数据计算，每一年每一个博物馆实际举办展览的数字为 5 个。因此，我们可以判断，20 年间，大约每一年每一个博物馆平均举办展览的数为 5 个左右。

20 年间观众进入国有博物馆参观的人数是 9102357 千人次，即 20 年间约有 91 亿人次的观众进入国有博物馆参观，平均每年约有 133092 千人次，即约每年 1.3 亿人参观博物馆。按照 1545 个博物馆的平均数计算，每年每一个博物馆参观人数约为 86 千人次，即每一个博物馆一年大约接待 8 万 6 千人参观。

由于观众来博物馆主要是参观展览的，因此全国一个博物馆一年平均有 5 个展览，接待观众 8 万 6 千人，一个展览一年接待的观众数平均是 17200 人次，每月约为 1433 人次。由于博物馆的展览等业务工作属于项目支出，20 年间 1545 个博物馆的业务总成本是 60086965 千元，即 600 亿元，平均每年投入 3004348 千元，即 30 亿元，每一个博物馆每年投入展览等业务活动的成本为 1944 千元，每月成本是 162000 万，每人每月的受益为 113 元。由此，我们得出的结论是，20 年间，每人每月在博物馆获得的平均社会效益为113 元。

根据前面的计算结果，由于每月平均一座博物馆运行成本约为 35 万元，因此，如果按照每月博物馆 35 万元投入的成本计算，服务 1433 人，会产生人均 244 元的成本。

因此，20 年间国有博物馆成本投入和效益产出比约为 2.15∶1，即 2 个单位的投入将产生 1 个单位的产出。这是博物馆成本效益的比率。

五、文物国家所有权配置的效果分析

（一）文物国家所有权配置的实现效果不佳

从文物保护单位的投入来看，20 年间国家投入了 593 亿来维护文物保护单位，但平均每个月每一个文物保护单位仅仅有3167元的运营经费，根本不能适应文物保护单位的保护需要；从国有博物馆的投入产出比来说，接近2：1的成本和效益比，其投入和产出的效率比例也不理想，国家需要投入2倍的成本，才能获得1倍的社会效益。因此，从数据的角度来看，中国文物保护经费的投入存在着两个方面的问题：

1. 文博事业经费总体投入不足。国家投入只能有重点地实现部分文物的保护，难以实现文物的全方位保护，这一点从文物保护单位的经费投入现状可以看出。

2. 文博事业经费的使用效率不高。国家投入的大量资金被用于文博单位的日常运营，文博单位的投入转化为社会效益的比例不高。

从一些地区的文物保护的具体情况来看，文物国家所有权配置的实际效果也不是很好。以文物保护单位为例。文物保护单位的一个特点就是基数大，许多文保单位地处偏远，人力物力的维护成本较为困难，很多文物保护单位处于经费短缺，甚至是无人管理的状态。这种实际情况，在北京市的文物保护单位运行情况上也能发现。根据一份对海淀区文物资源保护状况的调研报告，海淀区的文物主要集中在长河沿线、香山路沿线、西山山麓沿线以及颐和园至圆明园历史文化保护街区，现有各类文物古迹262项，其中全国重点文物保护单位4项，北京市文物保护单位28项，区级文物保护单位24项，文物暂保单位24项，历史文化保护街区1项，地下文物埋藏区3项，以园林和寺庙最具特色。至1999年已对45个文物保护单位进行维修，维修资金为1亿6千多万元。海淀区的80个文物保护单位，有40个已经对外开放，其中管理开放的有29项，最为突出的是颐和园、圆明园、香山等文物保护单位，年收入超亿元。但该报告中也指出，海淀区的文物古迹中，得到有效保护的还在少数。除了因社会开放而得到管理的29项文物保护单位之外，其他文物保护单位或者作为办公用房，或者无人管理。尤其是海淀区文物保护资金缺乏问题仍然存在。由于文物保护资金的来源主体还是国家的财政投入，海淀区能够自筹资金进行文物修缮的单位主要限于效益较好的文物旅游单位，例如颐和园、圆明园和香山公园等。由于维修费用不足，很多文物古迹实际上处于无人管理状态，自然损坏的情况较为严重。另外，海淀区文物保护单位隶属关系复杂，增大了文物保护的难度。例如，海淀区80个文物保护单位，属于各级行政机关的有20个，属于事业单位的有30个，属于企业的有7个，属于军队产业的有8个，还有8个处于无人管理状态。海淀区文物管理部门所属的文物保护单位只有大慧寺 1 处。① 同样，根据 2004 年左右对北京某区级文物保护单位现状调查的报告，该地区 20 处区级文物保护单位的保护现状也不容乐观。这些文物保护单位普遍存在着归属复杂、管理不严、保护力度不够，甚至出现无人管理、野外文物丢失及破坏文保单位原有风貌的情况。②

北京市的部分文物保护单位的保护现状尚且如此，其他省份文物保护单位的保护现状更不容乐观。根据 2008 年左右对长江流域 19 个省市重点文物保护单位保护现状的一项调查显示，长江流域的重点文物保护单位存在着保护与开发、保护与城镇建设、部分文保单位保护资金短缺、文物信息建设不足等问题，其中保护资金短缺是文物古迹保护工作的普遍难题，许多地方的文物保护经费只是象征性地列入地方财政预算，实际并没有拨付，有的地方文物保护经费只能维持工作人员工资福利，缺少征集、科研甚至安全保护的费用。③ 根据报道，云南玉溪地区区级以下文物保护单位由于文物修缮经费投入不足，管理与保护不当，再加上自然损害，部分文物损毁现象突出。④ 宁夏固原市有各级文物保护单位 72 处，绝大多数分布在偏远山村，文物保护工作主要存在的问题是文物保护人员较少，文物保护经费不足。⑤

因此，不论是从历年来的投入经费的情况看，还是从一些地区文物保护工作的现状来看，尽管中国的文物保护取得了巨大的成就，但实际的文物保护现状也不容乐观。从总体上来说，文物的国家所有权的实现效果不佳。

（二）文物国家所有权与使用权的分离及虚置化

在当前的文物管理体制下，文物国家的所有权与使用权实际上是分开的，而且使用权正在逐渐地代替所有权。大量的文物保护单位、博物馆所隶属于

---

① 《海淀区文物资源状况及保护利用的调研报告》，北京文博，http：//www. bjww. gov. cn/2004/6 - 28/100. html，2011 年 2 月 16 日访问。

② 齐鸿浩：《门头沟地区的区级文物保护单位现状调查报告》，北京文博，http：//www. bjww. gov. cn/2004/7 - 27/3014. html，2011 年 2 月 16 日访问。

③ 刘芸：《长江流域重点文物保护单位现状和保护对策》，水信息网，http：//www. hwcc. com. cn/pub/hwcc/wwgj/bgqy/mssp/201002/t20100215_ 313984. html，2011 年 2 月 17 日访问。

④ 《玉溪市部分文物保护现状令人堪忧 应以保护为主》，通海网，http：//www. tonghai. gov. cn/pubnews/doc/read/shinxx1/286645721. 241439030/，2011 年 2 月 16 日访问。

⑤ 《固原市文物保护工作现状》，宁夏文化，http：//www. nxwh. gov. cn/show_ heritage. asp？ NewsID = 277，2011 年 2 月 17 日访问。

部队、机关、学校、企事业单位，有许多地处偏远的文物保护单位甚至归属于乡村集体组织。从表 2-4 收集的 15 处北京市某区级文物保护单位归属情况的数据可以看出，2004 年该地区的区级文保单位的归属和管理情况就很复杂，除了一处属于区文化事业委员会之外，其他文保单位或者属于村镇、或者属于学校，或者无人管理、或者管理状况不详。这种状况在一些地处偏远或者说文物资源未能有效转化为旅游资源的地区应该来说普遍存在。这实际上是一种现实存在的文物国家所有权与使用权相分离的状况。文物名义上属于国家所有，但在分级所有、多头管理机构存在的格局下，文物的所有权被高度分散，导致国家所有权实施的虚置化。名义上文物属于国家所有，实际上转化为各级组织的使用权，国家所有仅仅是理念上的。而这种属于非专职文物保护单位的使用权，往往使得文物保护单位的保护不尽人意，或者对文物建筑只用不修，或者拆除真文物修建假文物，或者干脆置之不理，任其损坏和被占用。[①]

表 2-4　2004 年北京某地区文物保护单位的归属情况[②]

序号	文物保护单位	归属情况	管理现状
1	峰口庵关城	龙泉镇	无人管理
2	沟北药王庙	圈门中学	无人管理
3	圈门大戏楼	岳家坡村	无人管理
4	圈门窑神庙	圈门中学	无人管理
5	耿聚忠墓	东龙门村	被盗，无人管理
6	周自齐墓	龙泉镇	破坏，无人管理
7	崇化寺碑刻	城子村	开发旅游
8	关帝庙	琉璃渠村	无人管理
9	琉璃厂商宅院	区文化文物局	管理状况不详
10	龙王庙	三家店村	管理状况不详

---

①　孙玲：《对当前文物保护难的成因思考》，《面向 2049 年北京的文物保护及其现代化管理学术论文集》2000 年。

②　齐鸿浩：《门头沟地区的区级文物保护单位现状调查报告》，北京文博，http：//www.bjww.gov.cn/2004/7-27/3014.html，2011 年 2 月 16 日访问。

序号	文物保护单位	归属情况	管理现状
11	白衣观音庵	三家店村	管理状况不详
12	山西会馆	三家店小学	现为校舍
13	二郎庙	三家店村	管理状况不详
14	白云岩石殿堂	赵家洼村	管理状况不详
15	金代壁画墓	育新学校	管理状况不详

（三）寻求文物国家所有权实现的最佳途径

文物的国家所有权配置意味着国家必须不断地进行投入。但是，尽管多年来国家持续投入，中国文物保护的成本和效益比例还是没有达到令人满意的程度，现实中的文物保护单位和博物馆的管理和运营都存在着各种各样的问题。那么，我们应该怎样看待这种实施效果？根据这种实施效果，我们可以采取何种措施加以改进乃至改变，以增进文物保护的效果？

从世界各国的文物保护的做法来说，文物的国家所有权形式是世界各国文物保护的一个通行做法，由政府来保护文物，具有私人保护所不可替代的优势。尤其是在现代民族国家，文物与国家这种组织形式具有密切的联系，世界上没有一个国家不把文物置于国家保护之下。事实也证明，一旦文物脱离了国家的保护，或者国家出现混乱局面，国有的文物很快就会成为文物盗掘、走私的对象。近几年阿富汗、伊拉克、埃及等国家的战争状态或政局混乱使得国家文物遭到抢劫、盗卖的现象就是典型的例子。文物保护工作的目的，首先在于尽可能完好无损地使文物流传于后世。这就意味着文物保护工作的首要目的是文物的保护和保存，其次才是文物的经济效益和社会效益的问题。我们不否认文物的私人所有权在文物保护方面也具有自己的优势，个人对自己拥有的文物总是会更精心保护，但是，由于个人资源的有限，无论是在保护的数量上，还是在文物保护的经费和专业投入上，都不可能与国家投入相比。因此，虽然从中国文物保护的现状来看，文物的国家所有权的实现效果不佳，但并不意味着权利的国家配置这种形式有问题。将文物的保护权利配置给国家，由国家承担文物保护的责任，从《文物保护法》的制度设计上来说，是没有问题的。问题实际上存在于体制安排等操作层面上，即如何有效地实现国家所有权的问题。从意大利的文化遗产保护来看，意大利的文物国家所有权就是一个成功的例子。其成功之处首先在于将文化遗产建立在统一的国家保护的基础上，由意大利文化遗产部统一管理全国的文化遗产工作。① 同时，意大利的文化遗产管理实行的是政府管理与私人企业、社团组织经营相结合的制度，鼓励企业、社团组织经营文物古迹，但国家保留了人事任免权和门票的定价权。意大利的文化遗产管理模式取得了较为显著的成功，不但实现了对文物古迹的保护，而且实现了文物古迹的经济效益和社会效益，形成了古迹保护与经济发展的良性循环，文物古迹旅游也成为意大利的一个支柱性产业。这说明，中国文物国家所有权实现效果不佳的原因不在于《文物保护法》的权利配置，而在于具体的实施途径上存在着不足。

中国文物保护工作的任务实际上非常艰巨。全国可移动文物大约是 2600 万件（套），全国文物古迹大约有 100 多万处，全国文保单位有 7 万个，管理机构平均为 2000 个，一个管理机构要管理 35 个文保单位，但每个文保单位每月的投入平均只有 3167 元，远远不能满足文保单位的日常运营和维护的需要。这样庞大的文物保护数量，使得由国家单一渠道进行投入和保护的制度设计实际上面临着难以为继的现实境地。这也就意味着，国家只能实行重点保护、重点投入的策略，许多文物保护单位只能处于无人管理的状况。更不用说大量没有划为文物保护单位的不可移动文物，其保护现状将更令人忧虑。因此，在坚持文物的国家所有权的前提下，整合文物的管理体制，构建社会力量的培育机制，是改进中国文物国家所有权实现效果的可能途径。

中国的文物管理体制是一种较为典型的行政管理体制，而且采用的是多级委托的文物管理模式。这种体制的特点是文物的国家责任和持续的经费投入。但由于经费有限，中央政府的文物国家所有权必须委托地方政府来实现，而且必须依赖地方财政来实现保护经费的持续投入。也就是说，中央政府将文物的监督和管理权委托给地方政府，地方政府成为文物日常管理的责任主体和经费投入的财政主体，在文物资源的保护和开发中，既承担了保护的责任，又承担了开发的义务，这就使得地方政府在文物保护上同时存在着多重目标，既需要保护，也需要发展。由于地方政府没有相应的财政管理权，尽管地方文物保护有中央政府的资助，但这种资助水平是较低的，地方文物保护的资金主要依靠自己筹集。各地财政状况差异很大，在一些较为富裕的地区，可以通过政府财政解决文物保护的经费问题，但在其他地区，文物保护

---

① ［意］彼得罗·瓦伦蒂诺：《意大利文化和文化遗产的经济价值》，兰伟杰、胡敏译，《国际城市规划》2010 年第三期，第 10～13 页。

的经费投入需要依靠其他途径来解决，需要通过诸如发展旅游业，将文物资源委托给企业经营等形式来筹措资金。这也就是为什么 20 世纪 90 年代以来地方政府将文物资源作为企业资产进行市场化经营乃至进行上市操作的原因。例如 1997 年河北滦平县将金山岭长城作价 300 万元，向一家企业出售了 50 年的经营权。1999 年 8 月，山东省曲阜市组建了曲阜孔子旅游集团有限公司，1997 年北京八达岭旅游发展有限公司成立，后八达岭长城转为一家上市公司管理。① 2002 年陕西旅游集团公司计划将秦俑博物馆的门票经营权上市融资。② 尽管在此期间国家多次发布禁令，但由于财权和事权不对称的深层原因，各地出现的这些擅自改变文物保护管理制度的行为并没有从根本上得以纠正。③ 财权和事权不对称的一个伴生现象是地方文物执法监督的无力。虽然国家文物局与地方文物行政部门有上下级关系，但是因为地方文物行政部门的人事管理权、财政权都由地方政府支配，因此，一旦出现政府法人违法现象，地方文物行政管理部门很难对地方政府进行监管，这是文物管理体制不顺畅的一个表现。

要破解这种多层委托出现的管理难题，有三种可能的途径选择：

1. 借鉴意大利文物保护经验，建立统一的文物管理体制，实现文物行政部门的垂直管理，使地方文物行政部门完全从地方政府中剥离出来，直接隶属于国家文物行政部门，赋予文物行政部门独立的执法权和财政权，从而实现文物保护的事权和财权的统一。这种体制的关键因素是中央财政是否愿意或者说是否有能力负担持续性的文物保护经费的问题。1994 年分税制改革之后，我们国家中央财政的资金实力大大增强，较之过去有能力支付文物保护的费用。因此，这种体制选择有一定的可行性。但这种体制转变的成本也很大，主要体现在以下两个方面：

（1）由于已经形成的政府职能部门分别管理文物资源的格局，文博单位隶属关系较为复杂，如果要实现文物的统一管理，涉及的利益部门非常多。

① 《文物保护面临市场开发冲击》，新浪新闻，http：//news. sina. com. cn/o/2006 - 06 - 29/06199324698s. shtml，2011 年 1 月 8 日访问。

② 《八达岭长城经营权悄然收回》，腾讯新闻，http：//news. qq. com/a/20060407/000552. htm，2011 年 1 月 8 日访问。

③ 《单霁翔局长在 2004 年全国文物局长会议上的工作报告——把握大局 突出重点 扎扎实实推进文物工作》 （2005 年 1 月 10 日），国家文物局网站，http：//www. sach. gov. cn/tabid/310/InfoID/8545/Default. aspx ，2011 年 1 月 8 日访问。

（2）建立一种完全独立的垂直管理体系，不仅是文物行政部门的难题，也是其他部门的难题。考察多年来司法独立的呼声就知道，在一个非行政化的体系中，尚且难以实现垂直管理，更何况一个属于行政内部职能部门，要想建立垂直管理的体系将更为困难。实际上，中国现行的文物管理体制也是一种较为集中的管理体制模式，也具有垂直管理的形式，但由于其内部的运作体系受到整个行政管理体制的制约，不能充分发挥其管理效能。

2. 建立民众广泛参与文物保护的机制。中国的文物保护以国家保护为主体，但国家保护不意味着政府全盘包办。政府全盘包办未必是实现文物国家所有权的最有效形式。从国家所有权的性质来说，国家所有其实是全民所有，民众应当参与到文物保护的事业中来。从世界各国文物保护的经验来看，文物保护事业的发展与民众的广泛参与具有紧密的联系。民众的广泛参与不仅是文物保护资金的重要来源，也是文物保护意识得以传播，文物保护效能得以发挥的重要途径。问题在于，尽管中国民众素来具有参与文物保护的传统，例如将出土文物上交给国家，制止某些文物景观的破坏行为，但中国民众参与文物保护事业具有偶然性，不具有常态的参与机制。需要形成一种稳定的参与机制来促进民众参与文物保护事业的手段。

以下是两种可能的民众参与机制：

（1）社团参与机制。国外民众一般通过社团的形式参与到文物保护事业中来，例如法国有各种文物保护社团 18000 多个，这些各种专业类型的社团在文物保护方面发挥了重要的作用。但鉴于中国的国情，民间社团发育很不成熟，仅有的文物保护协会也具有准官方的性质，在文物保护事业中发挥的作用有限。因此，试图通过社团的形式促使民众参与到文物保护事业中来，需要耗费长期的培育时间，并且未必具有成效。

（2）多元性的经费投入机制。建立起多元性的经费投入机制，以集中社会闲散资金用于文物保护，是一种较为可行的措施。从中国文物保护经费的投入和产出情况来看，中国的文物保护经费的保障机制存在着保护资金不足和资金使用效率不高两方面的问题。这一方面表现在大量的县级以下或地处偏远的文物保护单位实际上得不到经费投入，另一方面在文博等事业单位中，无论是上级部门的事业经费使用还是保护专项资金的使用，都存在着诸多的限制，一方面是没钱花，一方面是有了钱乱花，资金使用的科学性和有效性不够。因此，要理顺现行的文物管理体制，另一种较为可行的方法是走继续改进的道路，在关键性的资金投入上，建立起多元性的投入保障机制，并确保文物保护资金的使用效率。世界各国的文物保护工作，关键的因素都是如何建立有效的资金保障体制。许多制度也是围绕着如何筹措资金来设计的。考察各国的文物资金保障制度，主要有三种投入渠道，一种是政府直接投入，一种是通过彩票等形式投入，还有一种是社会团体或个人的投入。许多国家都是结合了这三种投入渠道，来解决文物保护资金短缺的问题，例如意大利、英国的文物保护。中国文物保护资金的主体来源于各级政府的财政支出，少部分来源于门票和经营性收入。社会团体或个人的投入很少，也没有文物彩票等资金渠道。尤其是 2008 年后博物馆实行免费开放政策后，门票收入完全被财政拨款所取代，许多博物馆的收入来源完全依赖财政支持。因此，中国的文物资金投入渠道较为单一，对政府财政的依赖很大。为了提高文物保护的有效性，应该建立一种多元化的资金保障机制。稳定的国家财政支持仍然是有必要的，但还有以下几种可能的资金保障机制：

第一，税费激励机制。通过财政补贴、税费减免以及文物受益共享等机制鼓励民众参与。例如，美国通过税费激励政策带动社会民众参与文物保护，取得了显著的成效。对于历史建筑的住户和商户，采取了业税减免、所得税抵扣以及加速折旧等方式，对于历史建筑地役权的供役人，采取了捐赠减税以及随之而来的各类税费基础价格下调的措施，对于低收入者住房保护工程的承包商实行增值税减免和投资税抵扣的政策，对于遗产保护公益组织实行财产税免税以及退税政策，对于文物或文化遗产的捐赠组织和个人，实行捐赠减税以及随之而来的各类税费基础价格下调的措施。通过这些品类多样的税费减免和优惠措施，不仅使美国的国家公园管理局及各州的历史保护办公室获得了文化遗产保护的核心地位，而且使得民众在保护文物古建中获得实实在在的利益，也使得文物古迹的保护理念深入到民众之中。[①] 从政府操作层面上来说，研究多种类的文物保护税费减免政策，使得文物的国家所有权、集体所有权和个人所有权的效益充分发挥，使得文物古建筑和历史文化街区的保护有一个切实的制度保障，其改革的代价较小，也容易为民众所接受，不失为一种较为可行的文物保护途径。

3. 还可以通过发行文物保护彩票、建立文物保护基金等形式筹措资金，通过适度发展旅游产业，促使文物保护的资金来源多元化。

---

① 沈海虹：《美国文化遗产保护领域中的税费激励政策》，《建筑学报》2006 年第 6 期，第 17～20 页。

值得注意的是，社会化的经费投入渠道并不意味着要实现文博单位的商业化。文博单位的公益属性是保证文物不会因商品交易而流失的保证，因此，扩展文物保护的资金保障机制，不意味着改变文博单位的公益属性，经费投入多元化的前提和目的都是保护文物的安全。

六、小结：权利的不同配置与法律效果

我们在《文物保护法》的权利配置成本效益分析的具体研究中也发现，文物的国家所有权的配置方式，意味着国家承担了大部分文物保护的责任，在巨大的文物资源面前，其投入必然巨大，但国家的投入不能无限增大，以至于国家只能通过有重点的方式来对文物进行保护，这实际上就规定了我们国家的文物单位制度等文物保护形式的出现具有必然性。但是，比较历年文物保护经费投入和产出的效益，巨大的文物保护经费的投入仍然不能产生有效率的结果。这说明我们的文物保护立法要考虑多种权利配置方式来提高保护的效益。同时，由于国家不可能实现文物所有权的具体使用，而只能通过分级所有的形式分解其文物所有权，这就造成了分级所有权转化为事实上的分级使用权，而分级使用权的最大弊病在于文物保护单位的非专业化和非专职化，保护渠道、保护手段及保护经费的临时化，这种权利的配置方式带来的是事实上的权利虚置化。尽管《文物保护法》体现了对文物的其他所有权，尤其是个人所有权的关注，但没有详细地设计出较为有效的其他所有权实现方式，没有民众积极参与文物保护的体制和机制的设计，这也是《文物保护法》立法的一个不足之处。

在立法学领域中，我们探查法律效果的原因，就在于希望借助实施的效果来反思法律制定本身的优劣，这也是法律效果与法律预测理论的连接之处，也是"目的—效果"理论在立法学领域中具有影响力的根源。从《文物保护法》权利成本效益的分析中可以看出，法律的实施效果与法律本身的规则结构和权利配置有关。从法经济学的观点来说，权利的不同配置，实际上意味着资源的不同配置方式，意味着法律的规则结构和权利配置方式是一种较为根本性的影响法律效果的因素。但这种影响不是一种直接的影响，而是一种间接的影响。间接性体现在实现这种权利配置的体制安排上。体制安排的有效性是决定权利安排有效性的一个较为关键的因素。因此，考察权利配置对实施效果的影响，重点要考察法律权利的配置及其实现方式。

第三章　文物保护与经济建设的关系：矛盾还是共赢？

本章主要关注的是《文物保护法》中有关经济建设的规定及其实现效果。

如何正确处理文物保护与经济建设的关系，与《文物保护法》的各项规定能否取得实际效果息息相关。《文物保护法》的立法目的是加强对文物的保护，发挥文物在爱国主义和革命传统教育，建设社会主义精神文明和物质文明的作用，方针是"保护为主、抢救第一、合理利用、加强管理"。从立法目的和保护方针来说，《文物保护法》注重了文物的安全，但缺乏对文物保护在促进经济建设及如何发挥文物本身经济效益的具体关注。该法第九条第一款、第二款从原则上规定了文物保护与经济建设的关系："各级人民政府应当重视文物保护，正确处理经济建设、社会发展与文物保护的关系，确保文物安全。基本建设、旅游发展必须遵守文物保护工作的方针，其活动不得对文物造成损害。"但仔细揣摩其措辞，就不难发现，该法在如何处理文物保护与经济建设之间的关系上，强调的是以文物保护为中心。这就意味着，围绕文物开展的经济活动，其核心必须是确保文物安全。这是《文物保护法》在处理经济建设与文物保护关系上的基本思路。

从文物保护的角度来说，这一思路是正确的。从总体上来说，文物是会不断产生的。但是对于具体单个文物来说，一旦历史地形成，就具有唯一性和不可再生性，因此，对文物加强保护无可厚非。《文物保护法》中对保护范围、建设控制地带、基本建设与文物保护的规定，都体现了这一思路。但这一文物保护的思路并不是没有问题。从经济建设的角度来说，以经济建设为中心，是现阶段的基本国策，各地区的建设也是围绕着如何促进经济建设开展各项工作。以文物保护为中心和以经济建设为中心，在某种程度上一定会存在着相互抵牾的地方。从中华人民共和国文物保护的历史看，经济建设一直是文物保护必须面对的重大问题，文物保护的方式和手段常常随着各地基本建设、工程建设、城市改造、乡村建设而不断地被动更新。对于这种抵悟或者说矛盾，《文物保护法》也有一些重要的条款来处理。例如工程建设选址的禁止性规定、建设控制地带的规定、文物拆除和迁移的规定等。但是，这些条款的目的并不是为了促进经济的发展，目的实际上是为了防止经济建设对文物的破坏性影响。从文物受到破坏的历史来说，文物保护法的这种规定，也是对过去历史实践的总结，具有其合理性。

但这种立法思路导致的一个问题就是，《文物保护法》实际上成为一个具有较多禁止性法律规范的法律，而对于如何发挥文物的积极作用，包括对经济建设的积极作用，其规定显得粗陋和模糊，总的来说是建设性条款较少。那么，这种以文物保护为中心还是以经济建设为中心的立法矛盾，在文物保护的实际情况中，究竟是一种矛盾还是具有共赢的可能？

一、防止文物建设性破坏的四道防线

从中华人民共和国成立以来，工程建设与文物保护之间的矛盾就一直存在，有的时候还较为尖锐。尤其是在文物保护范围和建设控制地带进行工程建设的行为一直屡禁不止。《文物保护法》对此专门做了禁止性规定，设置了四道防线来防止文物保护单位受到工程建设活动的破坏。

（一）纳入城乡建设规划

《文物保护法》第十六条规定："各级人民政府制定城乡建设规划，应当根据文物保护的需要，事先由城乡建设规划部门会同文物行政部门商定对本行政区域内各级文物保护单位的保护措施，并纳入规划。"这条规定意味着各级政府在进行城市和乡村建设规划的同时，必须对文物保护单位等不可移动文物进行有计划的管理，目的是把文物保护单位的保护强制性地纳入到城乡建设规划中，使之成为城乡建设规划的组成部分，从而防止文物保护单位因未纳入建设规划受到工程建设的破坏。应该说，这一强制性规定，是保护文物不受建设破坏的根本措施之一，在不可移动文物的保护方面具有较为重要的意义。以后的历史文化名城、名镇、名村保护也基本上沿袭了这一保护思路，认为历史文化名城、名镇、名村保护首先是规划的保护，必须通过制定详细的保护规划来系统完整地保护城乡历史风貌。

（二）划定保护范围

保护范围是文物保护单位免遭建设破坏的第二道防线。文物保护单位的保护范围是为了保护不可移动文物本身及周围环境完整。至于文物保护单位的保护措施具体包括哪些内容，不同层级的文物行政管理部门有不同的规定，但基本原则应当是《文物保护法》第二十一条第四款规定的不改变文物原状的原状："对不可移动文物进行修缮、保养、迁移，必须遵守不改变文物原状的原则。"不改变文物原状实际上就是保持原状。所谓保持原状，是指文物产生和历史地形成的状况，并不一定是指文物最早的状况。但具体内容通常都要包含文物本身的材质、结构、外在表现形式及文物周围的地形、地貌等自然环境及人文历史风貌等。①不得在保护范围内进行除以文物修复工程为目的的工程建设，就是因为工程建设必然会造成文物周围环境性状的改变，尤其是一些具有污染性质的工程建设，更是会破坏文物的完整性，甚至会对文物本身造成不可逆的破坏。因此，保护范围内不得进行其他工程建设的规定是保护文物完整的基本保护措施。现实中发生的许多不可移动文物受到建设破坏的例子，都是因为违背了这一禁止性规定。但是，保护范围内不得动工的规定，并不是绝对的。由于基本建设往往涉及国家重大利益，如果在文物保护单位的保护范围内必须进行工程建设，《文物保护法》规定了报批的程序，必须经原公布的政府和上一级文化行政管理部门同意才可进行建设。第十七条规定："文物保护单位的保护范围内不得进行其他建设工程或者爆破、钻探、挖掘等作业。但是，因特殊情况需要在文物保护单位的保护范围内进行其他建设工程或者爆破、钻探、挖掘等作业的，必须保证文物保护单位的安全，并经核定公布该文物保护单位的人民政府批准，在批准前应当征得上一级人民政府文物行政部门同意"。涉及全国重点文物保护单位的，应当征得国务院文物行政部门同意。

（三）划定建设控制地带

文物保护单位的第三道保护防线是建设控制地带。《文物保护法》第十八条规定："根据保护文物的实际需要，经省、自治区、直辖市人民政府批准，可以在文物保护单位的周围划出一定的建设控制地带，并予以公布。在文物保护单位的建设控制地带进行建设工程，不得破坏文物保护单位的历史风貌；工程设计方案应当根据文物保护单位的级别，经相应的文物行政部门同意后，报城乡建设规划部门批准。"划定建设控制地带的目的主要是为了防止文物保护单位周边不受限制地出现诸多与文物周边环境格格不入的建筑设施，从而影响了文物保护单位的历史环境风貌。②文物保护单位的历史环

---

① 李晓东：《文物法学：理论与实践》，紫禁城出版社，1996年，241页。
② 李晓东：《文物法学：理论与实践》，紫禁城出版社，1996年，第244页。

境风貌是逐渐形成的，具有文物本身与周边风景浑然一体的特点，如果未经审批和论证，即在周边开工建设，很有可能造成文物保护单位历史风貌的破坏，使之变成一个文物的孤体。但建设控制地带并不是所有文物保护单位都需要划定的。划定的依据，《文物保护法》规定得比较笼统，即"根据保护文物的实际需要"。这是一条非常有弹性的规定。《文物保护法实施细则》第十三条对此予以补充："文物保护单位的建设控制地带，应当根据文物保护单位的类别、规模、内容以及周围环境的历史和现实情况合理划定。"这条规定意味着，保护文物的实际需要，主要参考的依据是文物保护单位的级别、历史影响及现实的情况。一般全国重点文物保护单位的建设控制地带，由省级政府批准。省级及以下包括县级文物保护单位的建设控制地带由省级政府批准。

（四）配合或抢救性考古发掘

从中华人民共和国成立以来，大部分重大考古发现，都与国家大型基本建设有关。近年来配合三峡大坝建设、南水北调工程建设等大型基本建设工程，出土了一大批文物，这都涉及配合工程建设进行考古发掘或者抢救性的考古发掘工作。为保护这些出土文物或文化遗址，《文物保护法》对此做了相应的规定，这些规定主要是体现在考古发掘的程序中。

1. 配合建设工程的考古发掘规定

配合基本建设工程、生产建设工程进行考古发掘，是文物考古部门的重要任务。《文物保护法》从前期考古调查、审批程序、经费保证三个方面进行了较为细致的规定。第二十七条第一款规定大型基本建设前期必须先进行考古勘探的规定。这一规定对于预防一批文物遗址受到建设性破坏具有重要的意义。第三十条第一款规定了配合建设工程考古发掘工作的审批程序，从程序上保证了建设工地发掘工作的计划性和有序性。第三十一条规定考古发掘经费由建设单位列入建设工程预算。这是对建设工地考古发掘经费来源的规定。

2. 抢救性考古发掘的规定

在工程建设中，虽然可能有考古部门先期进入，针对可能的文物或文化遗址进行调查，但往往有很多文物或文化遗址是随着工程建设施工过程中被偶然揭露出来的。这就意味着抢救性考古发掘的必要性。这种抢救性考古具有突发性，为此必须赋予文物行政部门以临时处置权，组织考古部门及时进行发掘，以避免文物遭到破坏。《文物保护法》第三十条第二款规定："确因建设工期紧迫或者有自然破坏危险，对古文化遗址、古墓葬急需进行抢救发掘的，由省、自治区、直辖市人民政府文物行政部门组织发掘，并同时补办审批手续。"由于考古发掘是一项较为细致的科学研究工作，其发掘的时间往往较长，在发掘期间，相应位置的工程建设是不能施工的，这导致考古发掘可能会影响建设工期，但从保护文物的角度出发，这种工期的调整是必要的。但在这一点上，《文物保护法》没有相应的规定。

二、为什么存在着大量的"法人违法"和建设性破坏？

尽管文物保护法律对文物的建设性破坏进行了预防性的规定，但是，从历史上来看，中国文物安全面临的一个较大威胁主要还是建设性破坏。

从1953年的第一个五年计划一直到1977年的农业学大寨运动，各地的工程建设均表现出文物安全的问题，涉及文物保护和经济建设的矛盾。进入20世纪80年代以来，在各地的旧城改造过程中，各地具有历史特色的文化街区在经济建设中纷纷消失，为此1982年开始实行的历史文化名城保护制度，试图从城市规划的角度处理基本建设和文物保护的矛盾。1987年国务院《关于进一步加强文物工作的通知》，继续强调要把文物的保护管理工作纳入到城乡建设总体规划之中，妥善解决文物保护和各项生产建设的矛盾。十年之后，国务院再次发出《关于加强和改善文物工作的通知》，强调要正确处理文物保护与经济建设的关系，把文化遗址的保护纳入当地城乡建设和土地利用规划中，从根本上改变古文化遗址保护的被动局面。2000年国务院办公厅《关于西部大开发中加强文物保护和管理工作的通知》，要求各地妥善处理好西部大开发中文物保护与经济建设之间的关系。尤其是重点文物保护区域内的基本建设项目，要充分进行文物调查和勘探工作。2002年12月南水北调这一重大工程项目开工建设。由于这一工程需要进行大规模的土方建设，途经包括河南、山东、陕西、山西等文物大省，必然会涉及大量文物遗址的挖掘。事实也证明了这一点。根据2006年统计，南水北调中线工程河南就出土文物27500多件。①2008年2月，国家文物局、国务院南水北调办公室联合印发《南水北调东、中线一期工程文物保护单位管理办法》，决定共同组成文物保护工作协调小组，就文物保护工作问题进行研究协商，确定省级文物

---

① 《南水北调中线工程河南段出土文物27500多件》，华夏经纬网，http://www.huaxia.com/zt/whbl/06-060/kgfj/845522.html，2011年1月16日访问。

行政部门是南水北调工程文物保护工作的责任主体，配合工程进行的考古发掘工作通过与省级文物行政部门签订工作协议的方式进行。2005 年开始的新农村建设，其最显而易见的成绩是乡土建筑的翻新重盖，必然带来乡村特色建筑的损害，其中也不乏具有乡村文物建筑。

　　建设性破坏往往伴随着"法人违法"现象。我们国家"法人违法"的文物破坏事件事实上频繁发生。根据国家文物局的统计数据，在 2006～2008 年两年期间，全国重点文物保护单位发生"法人违法"案件 544 起。[①] 所谓的"法人违法"，主要是指政府部门、企事业单位的文物违法犯罪活动。从国家文物局主编的《文物行政执法案例选编与评析》中收录的案例来看，文物违法犯罪案件也主要集中在"法人违法"上。例如，山西省临汾民康制药厂住宅楼工程恶意破坏古城墙案、内蒙古库伦三寺被破坏案、福建乌塔破坏案等，尤其是福建乌塔破坏案，更是被国家文物局督查组指为典型的"法人违法"案件。"法人违法"的频发，凸显了文物保护的一个重要方面，即必须规制行政机关、企事业单位的违法行为，使文物保护的法律意识真正深入人心。

　　"法人违法"和文物的建设性破坏为什么频发？一般来说，文物资源受到破坏遵循以下规律：

　　1. 文物资源的知名度越高，越不容易成为建设性破坏的对象

　　文物资源对经济建设的促进作用是不均衡的，不同文物机构、不同地区，文物资源的知名度有显著的差异。首先是文物资源本身具有显著的差异。举一个很显著的例子，同样位于北京市，同样是第一批国家重点文物保护单位的故宫和卢沟桥，其文物资源的知名度和利用程度就有显著的差异。故宫由故宫博物院专门管理、每年门票收入将近 5 亿元，[②] 社会影响和经济效益巨大，而卢沟桥由北京市丰台区文化委员会派员管理，其管理水平和影响力都要小得多。其次是不同级别的文物资源，对公众的吸引力有显著的差异。重点文物保护单位对公众的吸引力要大于一般的文物保护单位。据研究，重点文物保护单位对国内游客人数具有显著的影响力，各地区平均每年每增加一个重点文物保护单位，游客数量要增加 3 万人左右。[③] 正因为不同的文物资

---

　　① 单霁翔：《在全国文物安全与执法督察工作会议上的讲话》，国家文物局网站，http：//www. sach. gov. cn/tabid/813/InfoID/22395/Default. aspx，2011 年 2 月 27 日访问。

　　② 《故宫每年门票收入究竟有多少？》，网易新闻，http：//news. 163. com/11/0527/08/7523F61A00014AED. html，2011 年 10 月 2 日访问。

　　③ 钟笑寒：《文物保护与旅游业发展》，清华大学出版社，2008 年，第 6 页。

源，其知名度有较大差异，所以具有较大知名度的文物资源，自然不会受到明显的、有针对性的破坏，而对于一些地处偏远、知名度较低的文物资源，或者平常就无人关注的文物资源，更容易受到人为或自然的侵害。

2. 多头管理的体制和格局会抵消文物资源的利用价值

（1）文物资源本身的多头管理。我国的文物保护机构隶属于不同的上级管理单位。从北京市的文博单位来说，[①] 各种文物资源分属于不同的上级主管部门。例如北京市的博物馆分为中央直属博物馆，北京市属博物馆和民办博物馆。博物馆的上级主管部门就极其多样，包括中央部委、北京市文物局、各区县文化委员会、院校、公安、科研院所、行业企业集团及园林、宗教、民政、科委等部门，以及社会个人。这就造成文物资源的高度分散和管理体制上的错综复杂。

（2）文物资源利用的多头管理。当工程建设涉及破坏文物时，施工方往往不停工的一个原因，在于其建设工程得到了相关部门的批准，有正常的工程建设手续。这就涉及文物行政部门和建设行政部门的共同管理问题。这实际上也构成了另一种形式的多头管理。总体来说，要实现文物资源的品牌效应，尤其是要实现大遗址保护中的品牌效应，需要一个统一的管理机构和体制来做先期的规划。多头管理的体制和格局会对文物资源的利用价值产生影响。

3. 现实利益越大，文物资源受到破坏的可能性越大

由于文物资源的品牌差异性较大、文物资源的利用程度差异较大，因此在地方经济建设或者说某一个法人进行工程建设的时候，如果文物保护的利益与建设的现实利益之间发生较为明显的冲突时，现实的利益越大，文物保护的利益被牺牲的可能性就越大。工程建设是一种直接和现实的利益。施工方停工一天，其损失的数额可能较为巨大。由于文物保护的过程较为漫长，文物保护的利益对于施工方来说并不是一种直接和切身的利益。这种利益的博弈往往会以文物的破坏为结局。

从文物资源受到破坏的几个规律性认识可以解释为什么文物容易受到建设性破坏，原因就在于文物本身的吸引力的差异及管理体制的复杂性，难以抵御现实利益的巨大压力。

---

① 李学军：《浅议现行博物馆管理体制对我市文博工作的影响及其对策》，北京文博，http：//www. bjww. gov. cn/2006/4 – 11/162455. html，2011 年 10 月 2 日访问。

三、文物保护事业是"财政包袱"吗？

"法人违法"和文物的建设性破坏频发的现象，似乎暗示着在地方政绩评估或直接经济利益面前，文物保护事业是一个现实的阻碍，甚至在某些人眼中，可能是一个只见投入不见产出的"财政包袱"？[①] 这个问题的另一面就是：文物保护事业（或者说文化遗产事业）对经济建设是否有贡献？从感性认识的角度来说，文物保护事业肯定会对经济建设有贡献。像故宫、秦始皇兵马俑这样的文物遗产资源，显然会大大促进地方旅游产业的发展，许多地方旅游产业的发展，实际上也是极大地依靠地方丰富独特的文物遗产资源。问题在于，如何认识文物保护事业对经济建设的贡献？文物保护事业在哪些层面上对经济建设有贡献？贡献到底有多大？

关于文化保护事业或者说文化遗产事业对经济建设的贡献值是国内文物保护研究中关注的一个焦点问题。刘世锦主编的《中国文化遗产事业发展报告》系列一直试图回答这个问题。在 2010 年版的发展报告[②]中，认为文物系统的贡献分为直接贡献和间接贡献。直接贡献是文物系统内的科研单位、文物保护单位、博物馆、文物商店等机构在一年时间内向社会提供的产品或服务而增加的价值总和。间接贡献是文物系统保护维修支出带来的建筑业增加值、文物流通经营增加值和文物旅游增加值三个方面。该报告的一个基本判断是：全国文物系统对经济建设的贡献主要是间接贡献，文物旅游的贡献值达到总体贡献值的76%，其次是文物系统增加值为17%，贡献第三位的是文物流通经营增加值为6%，贡献最低的是文物系统保护维修带动的建筑业增加值，为1%左右。"十一五"期间，全国文物系统对国民经济的全部贡献是1082.4亿元，其中文物旅游的共享是888.2亿元。[③]这个结论基本上符合了人们对文物业贡献的感性认识，即文物旅游在促进经济建设中有巨大的促进作用。

尽管如此，我们应该认识到的是，文物旅游对各地的经济建设的促进作

---

① 刘世锦：《中国文化遗产事业发展报告》（2010），社会科学文献出版社，2010年，第33页。

② 刘世锦：《中国文化遗产事业发展报告》（2010），社会科学文献出版社，2010年，第33页。

③ 关于文物系统的直接贡献和间接贡献，请参见刘世锦：《中国文化遗产事业发展报告》（2010），社会科学文献出版社，2010年，第33~41页。

用是存在很大差异的。2005～2006 年期间，国家文物局曾委托清华大学经济管理学院围绕文物旅游的现状、问题及前景进行专题研究。根据该课题的一个研究成果显示，文物旅游对地区旅游业发展的促进作用的差异取决于各地区文物资源的丰富程度，包括国家级重点文物保护单位数量、历史文化名城数量、世界文化遗产数量和一级文物藏品数量。这四者共同构成了地方旅游资源的"知名度"的内涵。其中，除了一些具有标志性的藏品外，一级文物藏品数量与旅游者的核心关注点没有太大的关系，旅游者更关注的实际上是不可移动文物的优质程度。① 具体来说，对国内旅游游客数量影响最显著的是："重点文物保护单位、历史文化名城的数量，这两者每1%的增加，会带来游客人数0.2%～0.3%的增长。"② 其原因主要在于，重点文物保护单位和历史文化名城提供了地方特色资源的名片或者品牌效应。影响文物旅游对经济建设贡献的一个重要因素是对文物旅游资源的开发程度。实证分析表明，国内文物旅游业的开发程度方面，海南、广西和广东开发程度较高，而天津、吉林、宁夏相对落后。③

根据《中国文化遗产事业发展报告》的指标，文保行业对经济建设的直接贡献，实际上是总支出扣除了中间消耗后的增加值，包括"从业人员劳动报酬、生产税净额、固定资产折旧、营业盈余"。④ 该报告没有详细指出这几个指标的具体含义，但从业人员劳动报酬大体上是指职工的工资福利支出，生产税净额为上缴的国家财政税收，营业盈余为经营利润，而固定资产折旧为什么要纳入对经济建设的贡献的原因不详。这个指标系统似乎涵盖的范围过窄。从本文第二章表2－1 和表2－2 提供的数据⑤可以大体计算文物保护管理机构在 20 年间的总支出情况。如果不考虑通货膨胀的因素，20 年间，文物保护管理机构运营和文物保护单位修缮的经费投入为 593 亿元，实际支出532 亿元。20 年间全国博物馆行业的总支出是 1311 亿元。也就是说，按照文保行业的两大主体机构的总支出来计算，1996～2015 年文保行业的总支出保守估计是在 2000 亿元。这 2000 亿元支出包括基本支出、文物保护专项支出、

① 钟笑寒：《文物保护与旅游业发展》，清华大学出版社，2008 年，第 5 页。
② 钟笑寒：《文物保护与旅游业发展》，清华大学出版社，2008 年，第 6 页。
③ 钟笑寒：《文物保护与旅游业发展》，清华大学出版社，2008 年，第 7 页。
④ 刘世锦：《中国文化遗产事业发展报告》（2010），社会科学文献出版社，2010年，第 120 页。
⑤ 该数据来源于 2007 年至 2010 年的《中国文化文物统计年鉴》。

经营支出、工资福利支出、商品和服务支出、税金、对个人和家庭补助支出、其他资本性支出等项目。我们应该认识到的一点是，这些项目的支出实际上最终都会成为社会经济收入的一部分，对周边的服务行业产生促进作用，从而汇入《中国文化遗产事业发展报告》中所提出的"直接贡献"，即使是职工的工资福利支出，也将会通过消费的方式花掉，从而使相关行业受益。因此，文保行业的直接贡献不能认为仅仅是总支出扣除了中间消耗后的增加值，而应该是文保行业的总支出。

　　文物保护行业对经济建设的直接贡献表现为文物保护行业的支出情况，实践中容易被人们理解为只是行业内部的事情，因此很难为人们所直观感受。反而是文物保护行业对其他行业的贡献，尤其是对旅游业的贡献，随着汹涌的人群进入文博单位参观能够被显著地感受到。因此，观众的参观人数和门票收入情况是两个重要指标，可以反映出文保行业对经济建设的间接贡献。文物业门票收入在反映文物业对经济建设的贡献上较弱，但观众参观量较为强烈地反映出文物业对经济建设的贡献情况，因为观众参观文博机构，必然会带来文物资源周边行业的收益。尤其是像故宫这样的重点景区，对地区的旅游行业的带动作用是相当可观的。这里仅从 1996～2009 年的统计数字来说，从表 3 - 1 统计的文物业观众参观数量及门票收入的情况来看，14 年间，文物业共接待观众 3311141 千人次（约 33 亿人次），门票总收入为 22688875 千元（约 226 亿元）。14 年间约有 33 亿观众参观文博机构，平均每年参观人数为 236510 千人次（约 2 亿 3 千人次），扣除门票的直接贡献，按照每一个旅游者为地区其他行业平均贡献 100 元来算，每年文物旅游对其他行业贡献值就是 200 亿元，而每位旅游者的实际贡献值远不只 100 元，因此，每年文物旅游对其他行业的贡献值应该在 200 亿元以上，14 年就是 2800 亿元，这还是较为保守的估计。《中国文化遗产事业发展报告》（2010）认为"十一五"期间文物旅游对国民经济的贡献值是 888.2 亿元，[①] 按照这个数据，每年的贡献值为 177 亿元，这个数据与本文估计的 200 亿元的贡献值较为接近。这也说明文物旅游业对经济建设的巨大促进作用。

---

　　① 刘世锦：《中国文化遗产事业发展报告》（2010），社会科学文献出版社，2010 年，第 144 页。

表 3-1 1996~2009 年间文物业观众参观数量及门票收入①

时间（年）	机构数（个）	参观人次（千人次）	门票收入（千元）
1996	3305	138774	691940
1997	3412	678881	860126
1998	3480	151534	794252
1999	3538	138882	913382
2000	3604	128592	947963
2001	3717	113155	1118462
2002	3847	119906	1355432
2003	3882	94463	1093950
2004	3965	145275	2010460
2005	4030	176574	2412548
2006	4092	184443	2627166
2007	4277	453825	3229233
2008	4437	354355	2227887
2009	4842	432482	2406074
总计		3311141	22688875

实际上，文物保护行业对经济建设的促进作用，不仅仅体现在文物旅游业的巨大作用上，还体现在其他方面，例如艺术品拍卖市场对拍卖行业的促进作用，文物保护机构的维修改建对建筑行业的促进作用，文物保护的环境整治对城市风貌的贡献等，但其最显著的影响是在文物旅游方面。

四、小结：文物保护与经济建设之间的共赢

经济建设与文物保护之间的关系是相当复杂的。经济建设过程中要保护好文物，这是《文物保护法》的立法主旨之一。但是文物保护过程中如何促

① 数据来源于《中国文化文物统计年鉴》中的《全国各地区文物业基本情况（二）》统计表。

进经济建设，《文物保护法》没有规定。《文物保护法》没有规定，不意味着这种关系不需要在实践中处理。实际上，文物保护是否促进经济建设，不仅是地方政府在涉及文物保护时的重要决策依据，也是文物保护多年来工作的自觉意识和经验总结，是文物保护工作发展的一个可能的新思路。随着 20 世纪 80 年代文化遗产概念和实践的引入，我们国家在文化遗产保护工作方面取得了一些新的突破。其中一个重要方面就是对文化遗产保护促进经济建设方面作用的认识有长足的发展。例如，近年来，由城市化进程加快，一些大型古代城市遗址的保护亟待予以整体保护。在国家文物局的主持和推动下，大型古代城市遗址保护取得了显著的成绩，对高句丽王城遗址、殷墟遗址、大明宫遗址的保护规划和建设，体现出一种鲜明的思路，即文化遗址的规划和保护要"对城市发展和人民生活给予充分的关注，其核心问题是如何处理好减缓和制止大型古代城市遗址保护范围内的城市化进程与妥善处理当地民众脱贫致富、发展生产、改善生活的关系。……加强大型古代城市遗址的保护应对满足广大民众日益增长的精神文化生活需求有所贡献，应让保护和整治的成果惠及城市的环境建设，惠及广大民众的生活质量提高"。[①] 这一思路，在蜀道文化线路保护与申遗文本中被表述为："强调文化遗产保护成果惠及民众，就是要解决文化遗产发展为了谁、依靠谁的问题。这既是实现文化遗产价值、赢得社会尊重的现实需求，也是文化遗产保护的根本目的。"[②]这一表述实际上从理论上深化或者说突破了《文物保护法》的立法目的，即从《文物保护法》为了文物的安全的直接目的，调整为根本目的是文物保护的成果为民众所享有。这一思路更简洁的表述则是文物保护与经济建设的共赢。

文物保护与经济建设的关系问题是文物保护行业必须面对的一个重大的现实问题。如何形成共赢的局面需要良好的文物保护规划和运作。从立法层面来说，尽管《文物保护法》没有对文物保护如何促进经济建设进行具体的规定，但发挥文物的社会效益和经济效益并没有被法律所禁止，文物保护行业实际上相当重视发挥文物的作用。但是，究竟如何实现文物保护对经济建

---

① 单霁翔：《从"文物保护"走向"文化遗产保护"》，天津大学出版社，2008 年，第 161 页。

② 单霁翔：《蜀道申遗能够实现保护和经济社会发展共赢》，网易新闻，http：//news. 163. com/11/0908/17/7DEQ3VPG00014JB6. html，2011 年 10 月 14 日访问。

设的促进作用，目前仍然还是一个没有形成统一规范的探索过程。相对来说，提升文物资源的旅游价值，是一个较为通行的做法。实践中有一些很好的例子可以借鉴。例如在 2001 年正式开放的江南水乡乌镇，通过科学的规划和设计，保持了历史文化街区的建筑、生活特点，大大促进了地区的经济建设，是一个较为成功的例子。①

① 钟笑寒：《文物保护与旅游业发展》，清华大学出版社，2008 年，第 248 页。

第四章　文物违法犯罪行为及
执法威慑效果

一、中国的文物安全——历史与现实

（一）文物安全法律法规

本章主要关注《文物保护法》及相关法律中关于文物违法犯罪的规定及其实施效果。

我们国家最早是通过刑法法律的形式对文物进行保护的。这体现在 1979 年《中华人民共和国刑法》，规定了盗运珍贵文物出口罪和故意破坏珍贵文物、名胜古迹罪。

1982 年 3 月 8 日第五届全国人大常委会第二十二次会议通过了《关于严惩严重破坏经济的罪犯的决定》，针对盗卖珍贵文物等各种经济犯罪行为，对 1979 年刑法作了补充和修订。这部单行的刑事法律规定对盗运珍贵文物出口罪最高可判处死刑。

从 1982 年至 1987 年，由于盗窃、盗掘、非法经营和走私文物的犯罪活动异常复杂，1979 年刑法对这类犯罪的规定较为简单，难以有效打击犯罪活动，根据全国人大《关于严惩严重破坏经济的罪犯的决定》，1987 年 11 月 27 日最高人民法院、最高人民检察院对盗窃盗掘非法经营和走私文物案件的法律适用问题进行了司法解释，① 规定盗窃馆藏文物的，盗窃古墓葬、古文化遗址的，以盗窃罪论处；故意破坏珍贵文物、名胜古迹的，依照刑法规定的破坏文物、名胜古迹罪处 7 年以下徒刑或拘役；非法经营文物，情节严重，构成犯罪的，以投机倒把罪论处；走私珍贵文物出口的，以盗运珍贵文物出

---

① 刑事司法解释并不属于法律的范畴，是对具体应用刑法法律规范的说明。但由于刑事司法解释依附于刑法的具体规范，对刑法具体规范的司法适用具有约束力，因此在这里暂且将其列入法律的范围之内。

口罪论处。①

1991 年 6 月 29 日，第七届全国人大常委会第二十次会议决定对刑法增加关于惩治盗掘古文化遗址、古墓葬犯罪的规定，对盗窃古文化遗址、古墓葬集团的首要分子，对盗掘作为全国和省级文物保护单位的古文化遗址、古墓葬，多次盗掘以及盗得珍贵文物或使珍贵文物遭到严重破坏的犯罪分子，按照情节轻重，处罚金、拘役、有期徒刑直至死刑。②

1997 年新修订的《中华人民共和国刑法》涉及文物犯罪的规定有九条之多。其中包括第一百五十一条第二款的走私文物罪；第二百六十四条将盗窃珍贵文物作为盗窃罪的加重情节；第三百二十四条至第三百二十九条是妨害文物管理罪，包括 10 个罪名，分别是故意损毁文物罪，故意损毁名胜古迹罪，过失损毁文物罪，非法向外国人出售、赠送珍贵文物罪，倒卖文物罪，非法出售、私赠文物藏品罪，盗掘古文化遗址、古墓葬罪，盗掘古人类化石、古脊椎动物化石罪，抢夺、窃取国有档案以及擅自出卖、转让国有档案罪。③《刑法》第四百一十九条还规定了国家工作人员失职造成珍贵文物损毁、流失罪。1997 年新《刑法》吸收了 1979 年以来打击文物犯罪的实践经验和法律补充规定，使文物保护的刑法体系较为完备。但是，该体系也还有一些不足之处，表现在走私文物罪没有列入妨害文物管理罪的体系之中，抢夺、窃取国有档案以及擅自出卖、转让国有档案罪本质上并不是妨害文物管理罪。④

1982 年之后的历次刑法条文的修订，古脊椎动物化石和古人类化石始终没有纳入刑法保护体系中。这期间，关于古生物化石盗掘和走私犯罪较为严重，国内曾截获多起古生物化石走私案，各地的司法机关对古脊椎动物化石、古人类化石的走私盗掘等犯罪行为是否应当适用刑法有关文物犯罪的规定存在不同认识⑤，为了应对古生物化石走私的严重局面，并统一司法实践中的

① 国家文物局：《中国文化遗产事业法规文件汇编（1949～2009 年）》，上册，文物出版社，2009 年，第 227 页。

② 国家文物局：《中国文化遗产事业法规文件汇编（1949～2009 年）》，上册，文物出版社，2009 年，第 272 页。

③ 关于这些罪名，请参见罗朝辉：《我国刑法对文物的保护及立法完善思考》，《重庆交通学院学报：社会科学版》2006 年第 2 期，第 30～35 页。

④ 罗朝辉：《我国刑法对文物的保护及立法完善思考》，《重庆交通学院学报：社会科学版》2006 年第 2 期，第 30～35 页。

⑤ 辛华：《古脊椎动物化石古人类化石有了刑法保护》，中国地质环境信息网，http://www.cigem.gov.cn/readnews.asp? newsid=5610，2011 年 1 月 30 日访问。

做法，2005 年 12 月 29 日，第十届全国人大常委会第十九次会议专门对古脊椎动物化石、古人类化石进行立法解释，规定《刑法》中有关文物的规定，适用于具有科学价值的古脊椎动物化石和古人类化石，终于使古脊椎动物化石和古人类化石纳入了刑法的保护范围。①

《文物保护法》专门用法律责任这一章对文物违法犯罪的犯罪处罚进行规定。文物违法犯罪的法律责任包括三个层次，一是刑事责任，主要由第六十四条规定；二是民事责任，由第六十五条规定；三是行政责任，分布在各种尚不构成犯罪的文物破坏行为中，承担行政责任的主要方式有罚款、没收违法所得、责令改正、吊销资质证书、对责任人员行政处分等。2002 年修订的《文物保护法》在法律责任方面的变动非常大，总的来说是赋予了文物行政部门以行政处罚权，细化了行政处罚的范围，增大了行政处罚的力度。

（二）猖獗的文物违法犯罪

尽管我们国家一直致力于文物保护事业的发展，文物保护的危机始终存在。文物安全问题主要是以下几种情况：第一种是文物的自然损耗。由于文物的质地丰富多样，对保存条件的要求也不同，因此不同类型的文物，其损害程度是不同的。如果没有合适的保存条件，纸质文物、木质文物要比金属文物难保存得多。在文物的保存过程中，受文物保存环境和文物自身损耗的影响，文物的自然损耗是不可避免的。无论如何保存，有的文物是必然要消失的。第二种是文物人为损耗。人为损耗又有几种情况，一是故意破坏，这往往是出于其他目的对文物的破坏，比如"破四旧"对文物的破坏，也有因为盗掘、盗挖等行为而受到破坏的现象；二是文物因保管或者使用不当而意外损坏，例如在展览展示中文物受到损害，在文物搬运过程中意外损坏等；三是文物在其他的人类活动中受到人为损害，最典型的是大规模基础建设或者旧城改造、乡村建设中对文物的破坏性影响。第三种情况实际上不涉及文物的损害问题，涉及的是一个国家或地区的文物管理秩序问题，即文物的走私、倒卖行为。文物的走私行为并不涉及文物损坏问题，而是侵犯了国家的文物管理秩序。由于文物的走私行为往往又伴随着文物来源的非正当获取，在这一过程中，也有可能对文物造成损坏，典型的如割取佛像头，将墓葬中的陶瓷器打碎，将棺椁分割成几部分投运出境等行为，都是对文物的永久性损害。因此，由于文物走私等行

---

① 国家文物局：《中国文化遗产事业法规文件汇编（1949～2009 年）》，上册，文物出版社，2009 年，第 548 页。

为对文物管理乃至文物本身的危害，一直受到国家的严厉打击。

从历史上看，我们国家的文物经历了几次大的破坏，一是清末民初有超过 1000 万件的文物流失到国外，① 二是民国时期尤其是抗日战争期间的文物损失，三是文化大革命对文物的破坏，四是 20 世纪八九十年代文物的盗掘走私以及城市建设对文物古迹的破坏。从历年披露的数据看，尽管文物保护工作已大为加强和扩展，但我们国家的文物安全问题是较为严峻的，有学者也用文物危机来形容当今的文物安全形势。② 有统计显示，1949～2005 年，共有近 20 万座的古墓葬被盗掘。③ 从 1979 年至 1995 年，全国共发生馆藏文物被盗案件约 600 起，④ 许多文物保护单位处于无人管理、任其损毁的境地，历史文化名城的保护基本失败，乡村的传统建筑也在新农村建设中面临被毁的风险。

具体来说，从《中国文化遗产事业法规文件汇编（1949～2009）》中收录的规范性文件中提到的历年文物安全情况看，主要有以下几种文物安全问题：一是文物盗窃走私情况。例如 1983 年 6 至 8 月，河南省淮阳县五百多人，集体盗掘 751 座古墓葬。10 月 22 日，湖南省博物馆马王堆展厅被盗文物 31 件。广东海关查获文物走私案 300 多起，查获文物近 2 万件。⑤ 二是文物古迹失火事件。例如 1981 年全国发生 10 多起古建筑失火事件，1984 年布达拉宫强巴佛殿失火，1985 年甘肃拉朴楞寺大经堂被烧毁。⑥ 1988 年山西佛光寺、浙江杭州市福兴关玉皇大殿发生火警、河南白云寺西厢房、安徽黄山一清代祠堂、湖北省博物馆曾侯乙编钟展厅等文物单位发生火灾。⑦ 三是文

---

① 《我国文物流失内幕》，《21 世纪》2009 年第 5 期，第 32～34 页。

② 李玉雪：《应对文物危机的路径选择——以国内法和国际法对文物的保护为分析框架》，《法律科学》（西北政法大学学报），2009 年第 3 期，第 106～118 页。

③ 《20 万座古墓被盗，中国文物偷盗走私面临严重形势》，中国新闻网，http://finance. sina. com. cn，2005 年 7 月 6 日访问。

④ 该数字载：《文物史迹忧思录》，《侨园》1995 年第 5 期，第 10～11 页。

⑤ 具体参见国家文物局：《中国文化遗产事业法规文件汇编（1949～2009 年）》，上册，文物出版社，2009 年，第 164 页。

⑥ 具体参见：《文化部文物事业管理局关于加强古建筑博物馆等文物单位安全防火工作的通知》，载国家文物局：《中国文化遗产事业法规文件汇编（1949～2009 年）》，上册，文物出版社，2009 年，第 197 页。

⑦ 具体参见：《文化部文物事业管理局关于加强古建筑博物馆等文物单位安全防火工作的通知》，载国家文物局：《中国文化遗产事业法规文件汇编（1949～2009 年）》，上册，文物出版社，2009 年，第 232 页。

博单位被盗窃。例如，1979 年全国文物部门发生失窃案 13 起，1980 年 24 起，1981 年上半年 26 起，1987 年上半年 33 起，1987 年山西平陆县博物馆被盗文物 22 件，河南宜阳县文化局文物仓库被盗文物 401 件，吉林省博物馆被盗 62 件文物，江苏省苏州市博物馆被盗文物 6 件。① 1989 年 1~3 月，发生盗窃案 22 起。四是文物因展览受损害。例如，1999 年河北省博物馆调整《满城汉墓陈列》时，一级文物汉代玻璃耳杯被撞碎；2000 年，湖北省博物馆编钟馆布展施工砸破 4 件一级文物。② 五是对文物的建设性破坏。例如 1983 年河南新焦铁路复线工程施工中对文物保护单位的破坏，吉林舒兰县小城公社林场修筑林道对金朝完颜希尹家族墓地的破坏；陕西西安明代梁王府遗址被地方一些部门强行拆除。③ 六是文物经营管理权的变更对文物的破坏。例如，1999 年 8 月，山东省曲阜市组建了曲阜孔子旅游集团有限公司，造成了古建筑彩绘大面积的损毁。④

二、文物法令与文物犯罪之间的相关程度及其影响

有关文物违法犯罪的情况，在公开出版的年鉴和各类报告中很少有成系统及有价值的数据，许多数据是散见在官方文件、报纸、讲话稿之中。2010 年全国文物犯罪案件为 973 起。⑤ 2009~2010 年，立案 2084 起。⑥ 2008~2009 年 9 月，立案 1768 起。2008 年文物犯罪 500 起。⑦ 这些数字不能形成一

---

① 1987 年博物馆文物被盗案情况，具体参见：《文化部文物事业管理局关于加强古建筑博物馆等文物单位安全防火工作的通知》，载国家文物局：《中国文化遗产事业法规文件汇编（1949~2009 年）》，上册，文物出版社，2009 年，第 218 页。

② 《文化部文物事业管理局关于加强古建筑博物馆等文物单位安全防火工作的通知》，载国家文物局：《中国文化遗产事业法规文件汇编（1949~2009 年）》，上册，文物出版社，2009 年，第 369 页。

③ 具体参见国家文物局：《中国文化遗产事业法规文件汇编（1949~2009 年）》，上册，文物出版社，2009 年，第 163~164 页。

④ 《文物保护面临市场开发冲击》，新浪新闻，http：//news. sina. com. cn/o/2006 - 06 - 29/06199324698s. shtml；《八达岭长城经营权悄然收回》，腾讯新闻，http：//news. qq. com/a/20060407/000552. htm，2011 年 1 月 8 日访问。

⑤ 《为文物安全敲响警钟》，http：//hbrb. hebnews. cn/2011/0527/c_ 61. htm，河北新闻网，2011 年 8 月 23 日访问。

⑥ 《公安部有关人士回应"10 万盗墓贼"数据无可靠依据》，新华网，http：//news. xinhuanet. com/legal/2011 - 04/08/c_ 121279108. htm，2011 年 8 月 23 日访问。

⑦ 《田野文物保护亟待加强》，深圳新闻网，http：//www. sznews. com/culture/content/2010 - 10/19/content_ 5010209_ 3. htm，2011 年 8 月 23 日访问。

个较长时间段的数据链，在统计学上意义较小，利用价值较低。反而是某些研究人员使用的调查数据，能够反映局部地区文物违法犯罪的系统情况。例如复旦大学的褚馨曾对福建省某地区1980～2000年文物盗掘的数据进行了收集和研究，得出该地区文物盗掘数量整体呈上升趋势的结论。[①]

笔者对该数据进行了转引使用。选取褚馨的样本数据的原因在于，一是该样本数据来源于地区文化局，为调查的第一手资料，其来源具有可信性；二是笔者还没有发现其他较为系统的文物犯罪数据资料。同时，为了更加清晰地了解文物法令的实施与文物违法行为之间的关系，笔者增加了1980～2000年间国家颁布的文物法律法规及规范性文件的数量，特别是有关打击文物盗掘、走私等涉及文物安全的法令数量。法令数据根据国家文物局编的《中国文化遗产事业法规文件汇编（1949～2009）》整理。借助这一调查样本，通过与一些官方说法和学者研究的结论进行比对分析后，研究文物法令的颁布与文物违法行为之间的相关性，推论全国文物违法犯罪的整体情况。主要利用SPSS的统计软件进行分析。在这一分析中，由于考虑的法律本身的有效性问题，笔者引入了法律时效性这个变量，即假定文物法令颁布后，会随着时间流逝逐渐被遗忘，失去时效性，从而丧失威慑力，因此，当年公布的法律应该来说最具有法律的时效性，最具有威慑力。为了准确反映法律的威慑效果，必须考虑剔除时间因素的影响，选择当年颁布的法律来研究其对文物犯罪的影响。因此，本次相关分析并没有将各法令叠加计算，而是选取了当年颁布的法令数来进行相关分析，把法律时效性这个变量控制为1年，研究年度文物保护法令对文物犯罪的影响。

（一）文物法令与文物犯罪行为的相关性

从某地区文物盗掘数据来看（表4－1），1980～2000年该地区的文物盗掘总数为9706件，年平均值为462.1件，最小值为25件，最大值为932件，数量逐年呈现上升趋势。从这一时期发布的文物法令（包括规范性文件）来看，近20年间共发布文物法令90件，其中涉及打击文物盗掘、走私、抢劫等危害文物安全行为的法令为19件，占法令总数的21%左右，这些法令的时间分布大体平均，说明1980～2000年文物安全形势并不令人乐观。

---

① 褚馨：《近二十年来文物盗掘与走私现状分析及相应对策》，《复旦大学菁政学者论文集》2003年，第1～10页。

表4-1　1980~2000年某地区文物法令颁布及文物盗掘情况①

时间（年）	盗墓数（个）	文物法令数	文物安全法令数
1980	25	3	1
1981	46	7	1
1982	179	5	0
1983	234	4	0
1984	251	7	2
1985	293	4	1
1986	281	5	0
1987	253	6	4
1988	307	1	1
1989	482	5	1
1990	492	2	1
1991	536	10	3
1992	789	2	0
1993	653	3	1
1994	714	0	0
1995	595	1	0
1996	807	3	0
1997	413	5	3
1998	598	7	0
1999	932	3	0
2000	826	7	0

从散点图（图4-1）可以看出，年度盗墓数和年度法令数、文物安全法令数具有多处的重叠关系，尤其是年度盗墓数与年度安全法令数之间的重叠关系更明显，表明盗墓数与法令之间存在着相关性。

---

① 转引自褚馨：《近二十年来文物盗掘与走私现状分析及相应对策》，复旦大学莙政学者论文集，2002 年。

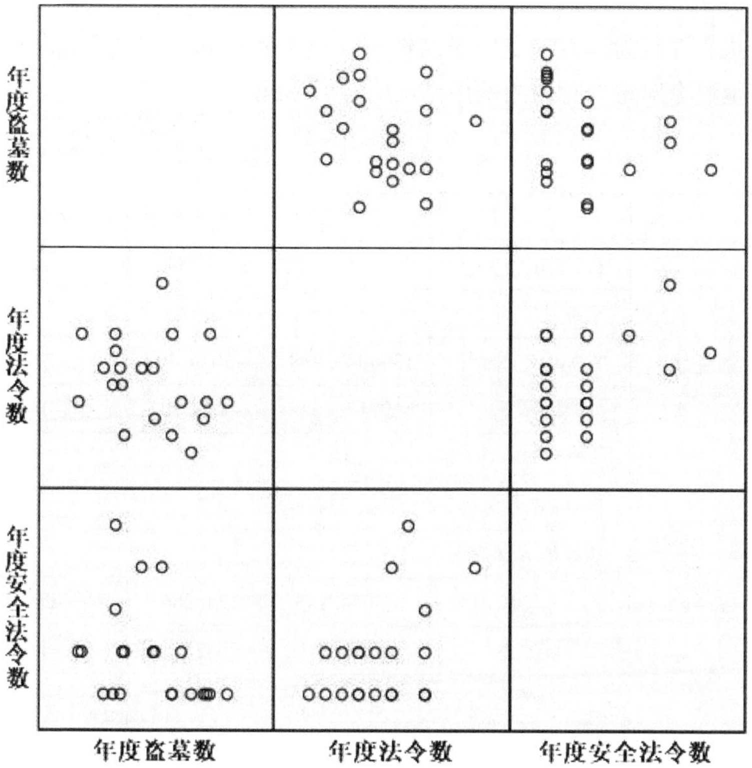

图4-1 1980~2000年某地区年度盗墓数与年度法令数和年度安全法令数的矩阵散点图

　　虽然散点图能够直观地展现盗墓与法令之间的统计关系，但并不准确。盗墓行为与文物保护法令之间相关的性质和强弱程度，通常还需要利用相关系数来予以精确化。由于盗墓数和法令数都是定距变量，因此主要采用 Pearson 系数来计算相关系数，并计算其显著度。通过 spss 相关系数演算结果（表4-2），在0.05的置信空间里，年度盗墓数和年度法令数之间的相关系数为-0.234；年度盗墓数与年度安全法令数的相关系数是-0.341。

　　一般来说，如果在0.05的置信空间中，相关系数的绝对值在0.3~0.5时，可以认为两变量低度相关。如果是小于0.3说明相关程度弱，甚至可以说是不相关。从两个相关系数来说，年度盗墓数和年度法令数之间的相关系数低于0.3，因此说明年度盗墓数和年度文物法令数之间的相关程度较低，或者说是基本不相关。而年度安全法令数与盗墓数的相关系数的绝对值大于0.03，可以认为安全法令的颁布与盗墓的发生数之间有一定的统计相关性。

由于是负相关，可以认为，国家打击文物违法犯罪的法令颁发之后，的确对文物违法犯罪行为具有一定的遏制作用，但两者的相关程度不是很强，说明文物安全法令对犯罪行为的威慑作用明显但不强烈。

表 4 - 2　文物法令与文物犯罪行为之间的相关性

		年度盗墓数	年度法令数	年度安全法令数
年度盗墓数	Pearson 相关性	1	- . 234	- . 341
	显著性（单侧）		. 154	. 065
	平方与叉积的和	1394343. 238	- 3074. 143	- 2122. 619
	协方差	69717. 162	- 153. 707	- 106. 131
	N	21	21	21
年度法令数	Pearson 相关性	- . 234	1	. 452 *
	显著性（单侧）	. 154		. 020
	平方与叉积的和	- 3074. 143	124. 286	26. 571
	协方差	- 153. 707	6. 214	1. 329
	N	21	21	21
年度安全法令数	Pearson 相关性	- . 341	. 452 *	1
	显著性（单侧）	. 065	. 020	
	平方与叉积的和	- 2122. 619	26. 571	27. 810
	协方差	- 106. 131	1. 329	1. 390
	N	21	21	21
＊. 在 0.05 水平（单侧）上显著相关。				

通过样本相关系数的分析，我们得出了一个初步的结论，即文物犯罪行为与文物安全法令之间具有一定的相关性，但相关程度并不是很强。对比文物法令与文物安全法令的区别在于前者涉及内容广泛，并不专门针对文物罪行为，因此与文物犯罪行为的相关程度要差得多，这也意味着，法律法规的威慑效果，与法律法规本身的实践针对性有关系。

（二）文物安全法令对文物犯罪行为的影响

从样本的相关分析中，我们可以看到文物犯罪行为与文物安全法令之间存在的较弱的相关性。但由此是否可以得出另一个结论，即文物安全法令的颁布直接影响了文物犯罪行为的数量？关于两者的影响，我们可以用一元线性回归分析来检验。由于相关分析部分已排除了文物法令的影响，回归分析只选取盗墓数和年度安全法令数两个变量进行计算，把年度安全法令数作为自变量，盗墓数作为因变量。分析结果如下：

表 4 - 3　（一）模型汇总

模型	R	R 方	调整 R 方	标准 估计的误差
1	.341[a]	.116	.070	254.67523
a. 预测变量：（常量），年度安全法令数。				

（二）　Anovab

模型		平方和	df	均方	F	Sig.
1	回归	162013.260	1	162013.260	2.498	.131[a]
	残差	1232329.978	19	64859.473		
	总计	1394343.238	20			
a. 预测变量：（常量），年度安全法令数。						
b. 因变量：年度盗墓数						

　　R 方数值是一元线性回归方程中的判定系数，其数值用来解释两个变量之间的线性关系是否强烈，表明本方程（或者说本模型）对两者关系的拟合度程度。一般认为，R 方数值越接近于 1，说明因变量能够被本模型的解释变量加以解释的部分较多，反之则解释力较弱。表九（一）中 R 方数值为 0.116，可以解释为，用安全法令数来预测盗墓数能削减 11.6% 的误差，也就是说，在一定程度上用安全法令的数量能够预测盗墓数的减少程度，但预测的误差比较大，达到 88.4%。因此，由于判定系数（0.116）非常小，因此，本模型中因变量与自变量之间的解释力较为微弱的。在假设文物安全法令与盗墓数为线性关系的前提下，可以初步判定，文物安全法令的颁布对文物犯罪行为数量的增加或减少的影响力其实非常微弱。

　　按照一元线性回归方程显著性检验的思想，如果显著性水平小于 0.05，则可以认为两变量之间具有较为显著的线性关系，所建立的模型能够解释它们之间的关系，反之则认为两者之间的线性关系不明显。由于表九（二）中计算出来的显著性水平是 0.131（Sig.），超过了 0.05 的显著性水平，可以认为通过引入文物保护法令与文物违法犯罪行为的两个变量来检验两者之间是否存在影响关系的模型是不恰当的，文物保护法令的颁布并不是使文物违法犯罪行为增减的直接原因。

从相关分析和回归分析的角度得出的样本结论是：文物保护法及其相关法规的颁布，确实会对文物犯罪行为有一定的影响，但两者之间没有直接的线性关系，不能认为增加文物保护法令本身就可以起到降低文物犯罪行为的作用。问题还要回到前面的分析中去，即法律本身并不会自动产生什么效果，法律的实施效果要与法律的具体运作机制和法律的支撑结构联系在一起。

三、文物犯罪的威慑曲线是否已经变平？

弗里德曼的威慑曲线（或译为制止曲线、制裁曲线）认为，在威慑与被威慑的行为之间不是一种直线关系，而是一种曲线关系。根据弗里德曼的描述，随着威慑的程度不断提高，被威慑的行为会减少，但不会呈现直线下降趋势，而是一种曲线下降的趋势。当威慑的值达到某一个程度时，再增加威慑力度，其威慑的效果会降低，当威慑接近饱和点，人们遵从的意愿将降低，威慑的效果曲线将会变平。就死刑的威慑效果来说，当惩罚已经达到极致时，就无法再增加进一步的威慑力量来制止犯罪行为。这种曲线关系符合边际效应理论。这也就意味着，法律的制裁效果不能通过持续不断地增加压力的方式来取得。①

（一）文物犯罪的威慑力度

考察我们国家打击文物违法犯罪行为过程，我们会发现，我们国家对其文物违法犯罪行为的打击力度总体上一直保持着高压态势，也就是说，其威慑力度一直在上升之中。其威慑压力上升的具体情况包括两个方面。

首先，我们国家对文物行政执法的认识存在着一个实践过程。1982 年《文物保护法》颁布实施后，赋予文物行政部门以监督权，文物违法犯罪行为的行政处罚权分散在公安部门、工商管理部门手中。这种职权的划分使得各级文物行政部门的执法能力建设受到极大的限制，基本上处于协助执法的地位。鉴于这种职能划分的弊端，2002 年《文物保护法》的修订着重改变并增强了文物行政部门的行政执法权，赋予了文物行政部门的行政执法权的职

---

① ［美］劳伦斯·M·弗里德曼：《法律制度——从社会科学角度观察》，李琼英、林欣译，中国政法大学出版社，2004 年。

责，可以对破坏文物的建设行为、非法转让文物的行为、擅自改变国有文物保护单位用途的行为、违反馆藏文物保护制度的行为、违反文物商业经营管理制度的行为进行行政处罚。《文物保护法》的改变，促使国家文物行政部门推进全国各地的文物行政执法机构的建设，以加强文物违法行为的监管能力。国家文物局于 2003 年建立了执法督查处，负责指导全国文物行政执法工作，督查全国重大文物违法案件。此外，全国各省级文物行政部门基本上建立了专职或兼职的文物行政执法机构，浙江省文化监察总队成立了具有独立法人资格的执法机构，有 11 个省份增加了文物行政执法机构，有 13 个省份是在省级文物行政部门的内设机构上加挂执法机构的牌子。还有一些省份的文物执法队伍归属于文化市场行政执法总队。[1] 根据统计，2004 年以来有 22 个省级文物行政部门设置了行政执法机构。全国有 807 个县级以上文物行政部门拥有文物行政执法机构，有专兼职执法人员 4279 人。[2] 到 2008 年，省级专职或兼职文物行政执法机构已经达到了 30 个。[3] 这些机构在执法程序、执法力度上都取得了一定的成绩，对一些文物违法行为进行了制止和纠正，保护了一批文物古迹。

其次，在一些文物大省，由于文物犯罪情况一度非常严重，文物行政执法部门通过专项打击行动和设立专职机构等方式增强打击力度。例如山西省文物古迹众多，文物安全形势很严峻，尤其是盗掘古文化遗址、古墓葬，盗窃田野石刻等犯罪行为类型齐全，数量众多，犯罪的组织呈现集团化倾向，犯罪手段趋于现代化和专业化。山西公安部门一方面加强文物犯罪的侦破力度，一方面于 1995 年通过专项行动的方式重点打击文物犯罪，八个月时间侦破案件文物案件 514 起，打掉文物犯罪团伙 72 个。[4] 文物专项行动的优点在于集中人力物力重点打击文物犯罪行为，对于遏制一段时间内的文物犯罪时有成效的。但其缺点在于不能形成长期有效的威慑机制。但由于这些文物大省的文物犯罪又具有高发案率的特点，使得这些地区的文物犯罪案件的处理机制发生变化，通过成立专门的文物犯罪科、设立专门的文物派出所等形式来加强文物违法犯罪行为的控制力度。例如，山西运城市公安局及闻喜、新

---

① 国家文物局：《文物行政执法案例选编与评析》，文物出版社，2008 年，第 6～7 页。

② 《文物事业发展综述》，《中国文物年鉴》，文物出版社，2005 年。

③ 国家文物局：《文物行政执法案例选编与评析》，文物出版社，2008 年，第 5 页。

④ 山西警官高等专科学校文物警察工作研究中心：《20 世纪 80 年代以来山西文物警察工作研究》，《山西警官高等专科学校学报》2007 年第 4 期，第 18～24 页。

绛、芮县等县设立了文物犯罪科，闻喜设立了文物派出所。河南省公安厅与省文物管理局建立了联合打击文物犯罪的机制，在重点文物区域设置文物派出所，在重要文物区域或文物保护单位设置警务室。至 2008 年，河南已经在洛阳、三门峡等城市设立了 9 个派出所。① 国家文物局也十分重视这种专门性的文物警察队伍的建设，认为这种体制是打击文物犯罪的一种制度创新。

这些加大执法力度的制度设计无疑是增大了遏制文物违法犯罪行为的威慑力。从弗里德曼的威慑曲线来说，文物行政执法职能从原来的监督权扩展至处罚权，文物行政执法机构从原来的兼职转向专职，国家也经常开展文物犯罪专项行动。从这些看出，各种文物执法制度设计的威慑程度在不断提升，但是，这种不断提升的威慑压力，是否已经达到了一定程度，使得威慑的效果开始变平？在文物执法领域，我们常常听到的一句话是不断加强执法能力建设。所谓不断加强到底是加强到什么程度，这常常令人困惑。

（二）文物犯罪的破案情况

从实际运行来看，文物派出所等制度确实取得了一定的成效。例如芮城公安局于 2002 年设立文物犯罪科后，共破获文物案件 37 起。河南省设立的文物派出所，侦破了一批重大的文物犯罪案件。但是，文物派出所这种制度设计本身也存在需要解决的问题。文物派出所的管理权限经常涉及公安部门和文物管理部门的争议，文物派出所的经费来源一般由文物经费来解决，没有纳入地方财政系统，另外文物派出所的警员配置上，常常不能满额到位。由于警力有限，防范的重点也只能集中博物馆和文物库房附近。② 这些因素都使文物派出所这种新的制度设计的效果难以完全体现出来。除了设立文物违法行为的处罚机构，规范处罚程序之外，国家文物局以及各地的文物行政部门还与公安部门建立合作机制，开展一些专项行动，共同打击文物犯罪行为，取得了一定的成效。

从原有的职能体系来说，文物犯罪行为的立案、侦查是由公安部门专职负责的。但由于文物犯罪只是犯罪的一种类型，而且与暴力犯罪等犯罪类型相比，其对社会管理秩序的破坏和社会影响力都要差一点。最初公安部门并

---

① 文物警察体制研究课题组：《河南省文物警察体制问题调研报告》，《山西警官高等专科学校学报》2009 年第 4 期，第 5～10 页。

② 文物警察体制研究课题组：《河南省文物警察体制问题调研报告》，《山西警官高等专科学校学报》2009 年第 4 期，第 5～10 页。

没有设置专职机构侦破文物犯罪，因此对文物犯罪的打击力度也相对要低，且主要局限在对已发现案件的处理上，受各种因素的影响，公安部门的文物案件侦破率并不是很高，在文物打击方面也普遍存在着投入成本较低的情况，使打击文物犯罪工作处于较为被动的局面。① 据统计，公安部门文物犯罪的立案数大约是每年1000件左右。② 从一些报告中披露的数据来看，1000件左右的立案数大体是正确的。例如，2003年文物犯罪的立案数为2007起，2004年立案数为971起，③ 2008～2009年立案数为1989起，④ 4年的平均立案数为1241起。我们要注意的是，这个数字是全国的文物犯罪立案数。从直观上来说，这个数字与实际文物犯罪的情况相比肯定是偏低的。每年文物犯罪的案件侦破数，因为没有确切的统计数据，难以得出准确的结论。但从官方发布的信息来看，2008年和2009年，全国文物案件立案数1989件，侦破541件，平均破案率为27%。

犯罪率和破案率常常被作为检验犯罪威慑效果的指标。根据统计，1978～2005年中国犯罪率总体上呈现上升趋势，尤其是从1985年之后开始快速增长，1990～1992年有一个下降区间，此后犯罪率逐年上升，到2000年进入高位平缓发展阶段。与此对应的是，全国破案率则呈现较为明显的相反走势，犯罪率低，破案率高，犯罪率高，破案率低，在2000年之后，全国的犯罪破案率总体上呈现走低的趋势，在40%至50%之间徘徊。⑤ 这一数字需要进一步的分析。由于受到公安部门内部考核指标的压力，一些公安机关内部存在立案不实的现象，表现在受理了刑事案件，能侦破的就立案，不能侦破的就不立案，即所谓的"不破不立"，其目的是人为提高破案率，以造成地方治安情况良好的假象。从1989年开始，公安机关开始纠正立案不实的情况，但立案不实的情况一直存在，导致以此为基础的统计数字难以真实反映实际情况，因此需要从其他渠道推论更为真实的破案率情况。我们根据公安

---

① 黄祖跃：《在全国文物安全与执法督察工作会议上的讲话》，国家文物局网站，http://www.sach.gov.cn/tabid/1117/InfoID/22448/Default.aspx，2011年3月1日访问。

② 《文物犯罪形势严峻打防存在较大难度》，《人民公安报》2005年1月19日。

③ 《设立专职警察保护民族文物》，《中国新闻出版报》2007年3月6日。

④ 数据来源于2010年在中国人民革命军事博物馆举办的《众志成城、雷霆出击——全国重点地区打击文物犯罪专项行动成果展》。

⑤ 研究结论引自陈屹立：《中国犯罪率的实证研究——基于1978至2005年的计量分析》（非出版物），图3-3，山东大学2008年博士学位论文。

部披露的数字，得出一个较为准确的数字是，2003 年全国的破案率实际大约为 30%，① 这是公安机关首次公布破案率，基本反映了当年刑事治安的情况，因此可以作为一个推论的基础。根据这个数据，我们可以推论 2000 之后全国的破案率大约在 30% 至 40% 之间较为准确。根据资料显示，2008 年间公布的破案率为 49.14%。② 由于 2003～2008 年全国的刑事警力配置和犯罪侦破手段并没有实质性改善，公安机关的破案率并不会增长很快，考虑到实际的立案情况，这个数字还需要往下调整，大约 40% 应该更准确。这也基本符合2000 年之后破案率的趋势。

（三）文物犯罪威慑曲线的解释

对于犯罪率走高和破案率走低的解释，一种是从公安机关的管理机制和刑侦部门的侦查业务能力上来解释，认为从侦查角度来说，犯罪率高和破案率低的现象与许多刑侦人员侦查意识低、新形势下取证难度较大、犯罪现场勘察质量不高、刑侦基础工作差、刑侦技术落后、部门配合不力、不能充分依赖群众等因素有关。③ 这种解释从另一方面也暗示了多年来侦查的机制和技术手段没有发生实质性的变化。从弗里德曼的威慑曲线理论角度来理解犯罪率和破案率的走势图，我们会发现，从 2000 年之后，一个明显的趋势是，无论是犯罪率和破案率，其曲线趋势都趋向平缓。④ 犯罪率处于高位运行状态，破案率处于低位运行状态。这是否意味着弗里德曼所说的威慑曲线已经变平，即威慑的程度已经达到了一个阈值，从而使得威慑的效果不再上升，而是维持在一个稳定的值上？弗里德曼威慑曲线的一个基本假设是随着打击力度的增加，威慑效果会随之上升，但到了一个阈值后威慑效果保持一种稳定的平缓曲线状态。2000 年后的犯罪率和破案率的曲线变化似乎很符合这种曲线描述。我们知道，公安机关内部一直致力于通过各种措施来加强自

---

① 《公安部直面问题部署刑警大练兵》，来源于《河北日报》，河北新闻网，http://news.sohu.com/2004/06/11/33/news220483364.shtml，2011 年 3 月 9 日访问。

② 数据转引自顾永忠：《1997～2008 年我国刑事诉讼整体运行情况的考察分析——以程序分流为视角》，中国民商法律网，http://www.civillaw.com.cn/article/default.asp?id=51512，2011 年 3 月 9 日访问。

③ 管光承、刘莹：《当前我国刑事案件破案率低的原因及对策》，《贵州警官职业学院学报》2005 年第 1 期，第 64～69 页。

④ 陈屹立：《中国犯罪率的实证研究——基于 1978 至 2005 年的计量分析》（非出版物），图 3-3，山东大学 2008 年博士学位论文。

已的犯罪打击力度，例如建立大案要案的督察制度，进行各种严打专项行动，对刑侦人员队伍进行培训等，应该说，公安机关对犯罪的压力是一直存在的。从 2000 年后的曲线来看，按照弗里德曼的解释，一个可能的结论是：这一时期公安机关的对犯罪的威慑力度已经达到了一个阀值，因此，不论公安机关采取什么样的打击措施，对犯罪率和破案率的影响实际上不大。但是，同样存在着另一种解释。正如前面所述，由于长期以来犯罪侦破的机制和手段并没有发生实质性的变化，因此，尽管公安机关对犯罪的压力随着各种打击行动而变化，但并没有产生威慑效果的质的飞跃，其结果就是犯罪率和破案率的曲线呈现出平稳运行的状态。这种解释实际上是对弗里德曼威慑曲线理论的一个重要修正，即威慑曲线变平的原因既可能是因为威慑力度达到了一个阀值，而且也可能是因为威慑力度一直保持在一个没有引起质变的范围之内，导致曲线呈现平稳状态。

根据前面的分析，我们认为文物的犯罪率和破案率与全国的犯罪率和破案率有大体一致的曲线走势，因此，文物的犯罪率和破案率一样呈现出平稳运行的曲线状态。我们可以从经典的弗里德曼威慑曲线角度理解为这是文物部门和公安部门采取各种打击力度，使得威慑力度不断上升的结果。但从文物犯罪的实际打击情况来看，我们更倾向于认为这种曲线状态是因为威慑力度始终处在一个未能引起质变的范围之内。我们从一些文物大省的文物犯罪的现状报告中发现，近年来文物犯罪已经经历了一个不断专业化、职业化、科技化和集团化的过程，但公安机关在打击文物犯罪方面仍然存在着投入明显不足、缺乏协作、犯罪线索难以掌握、情报信息闭塞、文物防范力量薄弱等问题。[①] 这就意味着，尽管在文物打击力度上，公安部门经历了从兼职到专职，从普通防范到重点专项打击的过程，但在打击犯罪的技术手段、信息交流、分工协作方面还存在着大量的问题，这都影响了文物打击的威慑力度。因此，我们不能认为这些年来文物犯罪破案率低的原因在于威慑力度已经达到了一个阀值，而是因为威慑力度还处于一个没有引起质变的范围之内。因此，针对文物犯罪的高发状态，公安机关和文物部门仍然需要加大联手力度，创新机制，加大投入。这说明，尽管在文物保护领域采取了各种综合性的文物执法措施，在专项行动上，在文物派出所的设置上，在野外文物的技术保

①　张兴力：《山西省文物犯罪的现状、趋势与防控对策》，《山西警官高等专科学校学报》2007 年第 4 期，第 25~29 页。

护上，对文物犯罪行为的威慑力一直在试图提升，但是文物保护的威慑力度还保持在一个范围之内，相比近年来的文物盗掘、走私的猖獗，文物犯罪的威慑效果还没有完全显现出来。

四、小结：法律威慑效果的有限性

法律的威慑效果是值得特别注意的法律效果。原因在于人们往往认为法律的强制力后盾是法律的典型特征，也是法律得以顺利实施的有效力量。因此，从法社会学角度来说，对法律的威慑效果的研究具有重要的意义。从学理上来说，法律的威慑力量是人们服从法律的一个重要因素，人们因害怕法律的制裁而遵从法律的规定。但是法律的威慑效果究竟是一种什么样的情形，则需要进一步的研究。埃利希认为每一个死刑的效果要减少 7~8 个潜在的犯罪，这就是威慑效果。从弗里德曼的威慑曲线，我们发现，法律的威慑力不可能无限叠加，法律的威慑效果将会随着威慑的增加而降低增长的幅度，最终获得一个稳定的值。从本文中，我们得出的另一个修正结论是，当法律的威慑力始终处于某一个范围内时，其威慑效果也将获得一个稳定的值。这一点也可以从文物保护的威慑效果看出。文物保护的执法力量建设经历了一个从兼职到专职，从执法乏力到专项打击，从专项打击到联合执法的过程，文物犯罪行为的威慑力度一直在增强，但是，从文物犯罪的立案数和破案率的对比来看，威慑的效果并不理想。这就意味着，我们不可能仅仅通过不断强化文物行政执法力量来威慑文物违法犯罪行为的发生。同时，对 2000 年之后的犯罪率和破案率的曲线的另一个分析是，文物犯罪的压力并没有达到其最大值，而是一直处于某个范围之内，使得威慑效果不能完全显现出来。因此，从法律威慑效果的角度来说，法律的威慑效果是有限的，正如同死刑的威慑力达到极点之后，再增加威慑的程度不仅不可能，而且也没有效果。在法治建设中，我们不可能通过不断增加法律执行机构，不断增加法律的威慑力来达到希望的法律效果。法律的威慑效果具有有限性的特点。同时，我们也要看到，当威慑的力度始终没有突破一个范围，我们仍然需要或者通过不断加大执法力度，或通过执法手段的改革，使法律的威慑效果显著化。

第五章 《文物保护法》实施的支撑结构

本章是对《文物保护法》实施中所涉及法令支撑结构的分析，目的是寻求影响法律实施效果的现实原因。本章的基本思路是认为，法律得以有效实施的关键性因素不在于法律本身制定得如何完善，而在于其是否具有有效的支撑结构。在这里，用支撑结构这一概念来指代法律意识、非正式运作体系、法律的传达及执行体系等内容。

一、文物法律意识的替代性思维与民间纠纷的解决

为了考察法律在实际生活中的运行方式，尤其是为了考察文物保护法律意识在具体社会实践中的表现形式。笔者于 2010 年 10 月中旬赴山西南部一龙山时期文化遗址考古现场进行调研。幸运的是，笔者在考古现场参与观察了一起围绕考古发掘补偿费用产生的纠纷，据此形成了对乡村中纠纷解决方式以及普遍存在的法律意识的替代性思维的认识，从而获得对文物保护的非正式运作方式的亲身体验，了解普通民众的文物保护意识。

（一）乡村权威资源与纠纷解决机制

甲村文化遗址位于山西南部，属于龙山时期的文化遗址。这一遗址内涵较为丰富，包含有西王村三期、庙底沟二期和龙山三期的文化堆积层，对于研究晋南地区文明起源具有重要的研究价值。该遗址最早发现于 20 世纪 50 年代，2004 年 5～7 月曾有考古队进行过试掘，初步了解了遗址的堆积、文化面貌和分布情况。由于这个遗址面积在 10 万平方米左右，在国内也属于较为罕见的文化遗址，因此从 2008 年起，某田野考古队继续对甲村文化遗址开展调查发掘工作。前期的工作计划是对该遗址进行全面的拉网式调查，以获得对该文化遗址的整体认识。为此，考古队制定了每隔几米打一个钻孔的方法进行拉网式调查计划。由于该片文化遗址位于甲村的村落及村落周边，上面是村民的住宅和农田果地，要实现每隔几米打一个钻孔的钻探计划，必须与该村村民进行协商，对钻孔损失予以补偿。

但在考古队进驻甲村文化遗址之后，在钻孔补偿协商过程中出现了纠纷。刚开始钻孔补偿协商过程较为顺利，许多村民都同意考古队在其田地上进行钻孔作业。但在协商过程中，开始出现一些反常情况。该村一些村民以钻孔补偿太少，挖掘现场用工不合理为由，到考古队驻地要求增加补偿费用，现场发掘用工应采取挨家挨户轮流制，否则不让考古队在土地上钻探。当时的考古队给予的钻孔补偿是一个孔5角，但一些村民要求补偿至1元。由于该遗址面积很大，钻孔数量达几万个，考古队在经费紧张的情况下，也不同意补偿，同时，考古队认为5角的补偿额度在钻孔补偿方面已经是相对较高的价格。为此双方纠纷不断，考古调查发掘工作极不顺利。根据从考古队驻地收集的工作记录也能够看出当时的一些情形："2010 年 10 月 17 日，上午有一些老乡阻拦钻探。中午收工时，红牛（备注：当地一村民）找麻烦，至下午 3 点方才解决。当天下午继续钻探，但提前一小时收工。商议改变方案，征得村民同意再进地，但未打印协议。"① "自 2010 年 10 月 18 日至 23 日，几乎每天晚上都有村干部、村民来驻地谈及钻探用地、补偿之事。"

后来，在纠纷的调解过程中，考古队了解到一个新的情况。该纠纷的发生根源并不是赔偿款。这个村庄的党支部书记与该村民选上来的村委会主任之间长期不和，考古队进驻甲村之后，由于对当地的情况并不了解，只是通过行政系统向该村的村委会主任打过招呼，并在考古发掘现场用工上听从村委会主任的安排。按照一般的情理，为了顺利进入考古现场开展工作，在不了解地方情况的前提下，利用行政资源扫清障碍是一种较佳的策略，也容易为当地人所接受和配合。但是，由于该村党支部书记认为考古队只与村委会主任打招呼，没有与其沟通，使其在村民面前失去了威信，同时认为村委会主任在安排考古发掘现场用工过程中存在以公肥私的行为，只照顾与自己关系好的村民。因此，考古队认为，这些纠纷的根源在于考古队没有处理好与该村党支部书记的关系。

为使调查发掘工作顺利进行，考古队借助行政资源以及村庄权威同时进行调解工作。考古队邀请当地的妇女主任做村民的说服工作，同时由身处外地的考古队领队直接向该县的文物局局长打电话，告知纠纷情况，该县文物

---

① 由于闹纠纷时领队不在现场，其他考古队队员将这期间的工作情况记录下来，以便领队回来后了解情况。该记录恰好留下了该纠纷发生和解决的过程。笔者征得该考古队的同意，将这些记录作为原始资料使用。

局局长则向该村所属的镇党委书记打电话，告知具体情况。镇党委书记则责令该村党支部书记妥善处理此事。于是，转了一圈之后，事情又颇具戏剧性地回到了村党支部书记身上。10 月 19 日，考古队队员与甲村的党支部书记会面，该书记答应做村民工作。10 月 20 日，在该村妇女主任的帮助和配合下，村民开始签字。10 月 21 日，还有 12 家村民没有在赔偿协议上签字。10 月 22 日，考古队开始正常钻探和发掘，但钻探仍有阻力。考古队领队大约于 10 月 25 日回到考古驻地，在听了考古队队员的情况报告后，为使调查发掘最终顺利进行，决定亲自拜访甲村党支部书记，并拟邀请县文物局局长、镇党委书记、镇长、甲村党支部书记及村委会主任等人赴宴。笔者参加了考古队领队与党支部书记的会面。领队首先向该书记解释了这次调查发掘工作的性质，说他们不是如村民所说的来"挖宝"的，而是对甲村文化遗址进行考古调查，并解释了当时为什么没有向他打招呼。在这之前已经受到上级压力的书记，由于领队带着一瓶酒亲自到访而显得很高兴。但在交谈中，该书记显然并不是很清楚该遗址以及考古队的工作性质，而是一再强调这是上级布置的文化工作，他有责任积极配合完成，并承诺亲自做村民的思想工作，同时还委婉地指出这实际上是村委会主任分配不公导致的矛盾。这次拜访之后不久，领队就宴请了县文物局局长、镇党委书记、镇长、甲村党支部书记及村委会主任。当笔者从考古驻地返回之后，据说这一事件已顺利解决，村民都接受了 5 角的补偿款，考古队也承诺现场发掘用工时采取轮流制的形式，考古调查发掘工作得以顺利进行。

人类学家格尔茨曾经借用戏剧的类比，使用"剧场"这一名称来指代了某一事件所集中反映的社会结构和民族文化，典型的如巴厘岛的斗鸡这一赌博游戏展现的实际上是地位关系的舞台剧。在格尔茨的眼中，斗鸡游戏中钱的输赢不是最重要的，重要的是名誉、尊严、地位的象征性得失。斗鸡游戏揭示了一个在平时的社会生活中被隐藏的现实，揭示了巴厘人嫉妒、羡慕、残忍、优雅甚至是妩媚的性格侧面。① 在甲村文化遗址考古发掘过程中发生的这一纠纷，本身不是一场单纯的纠纷，而是当地人借助考古队，上演了一场地方权威互相争斗的"剧场"，考古队在这个"剧场"中只是一个布景，实际主角是该村的党支部书记和村委会主任，其目的是借助纠纷争夺村落中的权威性资源。

---

① ［美］格尔兹：《文化的解释》，纳日碧力戈译，上海人民出版社，1999 年。

在人类学的乡镇研究中，国家与社会这种历史性解释性框架被用来解释乡镇以下的行政控制，尤其是用来解释 20 世纪以来乡镇行政系统受到强化的趋势。但是对于国家与社会关系的具体发展路径和互动形式，必须通过更为微观的理论框架来解释。有的学者借用了社会学家吉登斯的"权威性资源"的概念来理解国家行政权威资源与地方权威资源的互动关系，尤其是用来理解国家正式权力在乡镇以下社会中的实际运作方式。[①] 1949 年以后国家权力向下延伸至村级组织，通过社会动员和管理交替使用的控制模式，尤其是改革开放之后管理型的控制模式的进一步强化，在中国的乡镇建立起条块结合的乡（镇）党政机构制度，"使得地方社会的行政控制、经济调控、文化改造等富有现代性特征的权力运作也充分展开"，[②] 尽管村级自治组织与乡（镇）机构分属不同性质的基层组织，但是实际上两者仍然构成行政上的上下级关系。这种乡村组织方式的变化，带来的是乡村社会中权威资源的生产模式的变化。乡村中的权威资源不再是过去的地主乡绅或具有某种权威性资源的人物，而主要是与乡（镇）党政机构有较多联系的人物，最重要的是村级党支部书记和村委会主任，有时还包括村级组织中的其他重要角色，例如村会计、治安主任、妇女主任等。苏力从"地方性知识"的角度对村干部的重要性进行了另一种解释，即村干部与正式国家权力的联系以及作为便利的地方性知识的库房，使得村干部在干部下乡办事的各个场景中都不可或缺。村干部的地方性知识代表了国家权力和法律在乡土中国的实际运转，一方面，村干部可以借助于国家权力来提升自己的影响力，一方面也通过自己掌握的地方性知识来影响国家权力，在村民中获得权威性资源。因此，国家权力的正式承认与地方性知识的不可或缺性，成为村干部权威性的来源。[③]

乡村社会中的权威资源生产模式的变化也解释了乡村社会中的纠纷调解方式的变化。借助于国家权力的影响和地方性知识的运用，村干部成为国家正式权力与乡村社会运转中有利的实际中间人，也成为纠纷发生时的当然和便利的调解人。在法律社会学的研究当中，乡村中的纠纷类型被细分为人身

---

① 王铭铭：《走在乡土上——历史人类学札记》，中国人民大学出版社，2003 年，第 132 页。

② 王铭铭：《走在乡土上——历史人类学札记》，中国人民大学出版社，2003 年，第 157、161 页。

③ 苏力：《送法下乡——中国基层司法制度研究》，中国政法大学出版社，第 46、47 页。

伤害、财产纠纷、婚姻纠纷、邻里纠纷、劳动纠纷、用水纠纷、借贷纠纷、农业负担纠纷、家庭纠纷、买卖纠纷、计划生育纠纷、承包合同纠纷、教育纠纷、与政府部门的纠纷、其他纠纷等。① 考察这些纠纷类型，一般是村民及村民之间的纠纷。对这些纠纷的解决机制，普遍存在着三种解决途径，即社会网络、政府部门和司法部门。在乡村纠纷解决中，如果是一般纠纷，大多采取社会网络解决的方式，即通过宗族、乡里调解等方式解决，少部分通过行政资源和司法资源来解决。如果是严重纠纷，则大部分通过公共机构来解决，少部分通过社会网络来解决。② 但在甲村的这次纠纷过程中，村民与外来主体之间的纠纷并不属于典型的乡村纠纷类型，尤其是像考古队调查发掘费用的纠纷，即使在甲村中也并不多见，因此，这种解决方式既不是走的公共机构解决的方式，也不是走的乡村调解方式。在实际运作中，由于考古队的工作性质以及与上级行政机关的联系，使得实际纠纷的解决方式采用的是公共机构的压力与社会网络的调解并行的方式。作为考古队来说，一方面通过行政资源施加压力，另一方面通过礼物、拜访、宴请等社会方式对官方的压力进行校正，防止关系闹僵，以影响考古工作的顺利进行。作为村党支部书记来说，尽管承受了行政的压力，但是这种行政压力也同时宣示了其在乡村事务中仍然具有权威性的作用，对其在村庄中的权威地位的作用是一种凸显；考古队的拜访及宴请等方式，也补偿了其在村民中的权威性的损失，其结果是一种双赢局面的出现。

（二）文物法律意识的替代性思维

要考察甲村文化遗址调查发掘事件的整体解决过程，我们还必须重新认识考古发掘的性质，并通过这次纠纷事件的解决探讨地方文物保护的实际运作方式。从《文物保护法》的规定来说，科学的考古发掘工作是实施《文物保护法》的重要途径，本质上属于文物保护的内容，对具有历史、艺术和科学价值的古文化遗址和古墓葬的科学揭示，即能揭示古遗址和古墓葬的价值，也能够防止盗掘行为对遗址的损坏。因此，《文物保护法》专门规定了考古发掘的申报、发掘以及出土文物的移交程序，目的就是为了使考古发掘建立

① 郭星华、王平：《中国农村的纠纷与解决途径——关于中国农村法律意识与法律行为的实证研究》，《江苏社会科学》2004年第4期，第71~77页。
② 郭星华、王平：《中国农村的纠纷与解决途径——关于中国农村法律意识与法律行为的实证研究》，《江苏社会科学》2004年第4期，第71~77页。

在规范、科学和有序的基础上，杜绝乱挖乱掘的现象，最终使古文化遗址和古墓葬得到科学的保护。在考古发掘工作中，考古队的发掘项目和发掘范围都是经过文物行政部门审批同意的，因此有权进入考古现场进行工作。但在实际工作中，考古队在获得文物行政部门的批准后，一般通过行政系统层层打招呼后才进入考古现场开展调查和发掘工作。在调研中，甲村遗址考古队的领队告诉笔者，在地方做考古发掘，最好是借助当地的行政机构的力量，一般通过地方文物行政部门与其他相关行政部门打招呼，这样可以减少不必要的麻烦，在必要时也可以借助地方行政资源来解决矛盾。这实际上也是一种地方性知识。而在该村的费用纠纷中，地方行政资源也是考古队主要借助的力量。

在这事件中，我们不仅可以考察国家权力与乡村社会之间对权威性资源的运用方式，更重要的是，从一个侧面反映了乡村中文物法律意识的实际运行状况。甲村虽然处在一个可能是国内都罕见的大型文化遗址上，但是即使在考古队进驻之后，该村的村民对该遗址的性质并不了解。一些具有几千年历史的灰坑土墙已经成为一些村民的院墙，田间地头散落着仰韶时期的彩陶碎片和龙山时期的黑陶碎片。从普通村民文物保护意识的角度来说，他们对考古队的角色和定位以及所做的文物保护工作并没有太多自觉，他们的典型看法是认为考古队是来"挖坟掘墓"，而且不断有村民好奇地问挖到什么宝贝没有，他们并没有意识到这片土地上是一个龙山时期的文化遗存。这反映了基层民众的文物意识，还停留在挖掘墓地和宝物的层面上。而在与该村党支部书记的接触过程中，有一个细节也很引人注目。考古队领队向书记解释说，他们的工作是一种带有文物保护性质的遗址调查工作，不是在挖宝。但显然该党支部书记并不是很清楚其含义，而是一再强调考古队是来搞文化工作的，说县委书记给他打过招呼，他会配合。村党支部书记将文物保护工作归结为文化工作，其实也是有一定道理，文物保护本身属于文化工作的一种类型，但这种说法也反映了乡村之中"政治权威"的主导地位以及文物保护意识的普遍缺失。

对法律意识的实证研究存在着两种解释视角：工具性视角，认为人们是否服从法律，与其在此过程中所获得的利益和付出的代价有关；规范性视角认为人们是否服从法律，根源于内心对法律正义的确信。美国法社会学家泰勒（T. R. Tyler）的研究提供了对这两种分析视角的具体应用：泰勒把那些基于外在压力的法律服从视为工具性的，例如对受惩罚风险的规避，对周围人的评价的注意，而把那些基于个人道德观念或者合法性观念的法律服从，视为规范性的。冯仕政的研究以 2001 年北京 7 个城区 26 个街道共 1124 份有效问卷为基础，应用回归分析等方法，探讨了中国人的法律服从的性质是工具性的还是规范性的，对法律权威的支持是基于程序正义还是分配正义，主要结论是：中国人的法律服从表面上看主要是规范性的，个人的道德观对法律服从具有重要的影响，但这种影响含有明显的工具性动机，与受惩罚的风险和周围人的评价具有较为明显的因果关系。① 这一研究是想表明，人们对法律的服从意识，主要是因为工具性的考量。这种分析大体上是正确的，但进一步分析所谓工具性和规范性的区分，可以发现两者实际上都具有功利性的一面。也就是说，人们对法律的服从意识，无论是因为工具性还是规范性的原因，实际上遵循的主要是功利主义的原则，道德是一种功利，受惩罚的风险和弗里德曼所谓的"同等第三人集团的评价"同样也是一种功利，它们在影响人们如何行为方面具有同等的效力，只不过采取了不同的功利形式，前者是人们的道德感，而后者是外在威慑力量。

有学者提出，法律规范的深层效力来源于人们对法律规范的价值认同，来源于人们所具有的法律意识。这种观点实际上是一种法社会学观点，是从法律的实际运行角度看待法律意识与法律效果之间的关系。正如法律规则的产生来源是规则的历史演进和实践逻辑一样，法律意识并不是凭空产生的。法律意识作为人们对现行法律的态度、看法、评价和解释，首先是法律规则在社会生活中实施的结果，其次才能成为法律规范深层效力的社会来源。这是法律规则、法律意识与法律实施之间的辩证关系。因此，我们要考察法律意识与法律规则效果之间的关系，首先，法律的实际效果是与法律规则在社会中的具体运行方式及法律意识的具体表现形式相联系的。法律传达、执行和服从的实际状况，是法律意识影响法律效果的基础。一项调查显示，在农村中，几乎所有的被调查对象都把法律混同为政策，② 约有 50% 的被调查者认为法律是用来管理老百姓的，有 26% 的被调查者认为法律是惩罚犯罪的，这表明农民对法律功能的认识还相当简单和落后。出现这种认识的原因，不

---

① 冯仕政：《法社会学：法律服从与法律正义——关于中国人法律意识的实证研究》，《江海学刊》，2003 年第 4 期，第 99～106 页。

② 沈红云：《农民的法律意识与农村社会秩序——以鄂东石村为例》（非出版物），华中师范大学 2007 年硕士学位论文。

在于农民的素质水平，而在于法律的具体实施过程中的某种缺失，确切地来说，与法律在实际生活中的运行方式具有密切的关系。[①]

有学者认为，相比正式的法律权威，行政权力由于其所具有的主动性，更有机会深入乡村社会，因而在乡村社会中所发挥的作用要比司法资源更加有力，但这种政治权威在乡村之中的主导地位，使乡村中形成了下级服从上级、个人服从单位的小传统行为方式和价值理念，行政组织不仅直接推动社会的运转，而且在很大程度上代替着法律的功能，从而使法律权威在乡村之中被极大地弱化。[②] 法律权威被弱化的结果就是行政权威意识代替了其他意识，法律的实施转化为行政干预和调解，甲村考古队补偿纠纷事件所传达出来的一个信息是，法律的传达途径转变为行政权威的思维定式，从而使得法治观念、法律意识及文物保护意识被行政意识所代替。

二、文物保护法律的传达体系与执行结构的影响

只是从甲村考古调查费用纠纷的解决过程探讨基层文物保护的民间意识和实际运作方式，并不能就此得出基层法律意识都是行政意识的替代品。只是意味着甲村这一个案展示的意义在于凸显了文物保护意识的缺失和行政替代性思维的特点。个案的扩展并不意味着个案就是全体。甲村的情况不意味着其他乡镇都是这样。[③] 文物保护意识有多种表现形式。在另外一些场景中，文物保护法律意识则有另外的表现形式。我们在翻阅一些行政执法案卷时发现，在大量的文物破坏案件中，当事人具有多种类型的文物法律意识。首先是对文物保护完全不知情。例如 2006 年某轻工机械厂擅自在县级文物保护单位范围内进行挖掘的案件。在文物行政执法人员的询问笔录中，我们发现当事人对于所挖掘城墙的遗址性质完全不了解。执法人员问当事人："某城墙是某县重点文物保护单位，你知道吗？"当事人回答说："我不晓得，认为老厂房旁边搬几个石头，为了拆除水塔方便。"[④] 我们还原当时的询问笔录，可

---

① 王否琢：《农民法律意识的调查与思考——以黄河三角洲地区为例》，山东大学 2008 年硕士学位论文。

② 韦志明：《法律权威在农村被弱化的原因探析》，《安徽农业科学》2008 年第 8 期，第 8 ~ 9 页。

③ 卢晖临、李雪：《如何走出个案——从个案研究到扩展个案研究》，朱晓阳、侯猛，《法律与人类学：中国读本》，北京大学出版社，2008 年，第 342 ~ 362 页。

④ 国家文物局：《文物行政执法案例选编与评析》，文物出版社，2008 年，第 224 页。

以清晰了解到当事人在挖掘城墙时文物保护意识完全缺失的心理状况。这种现象的产生，并不意味着当事人没有文物保护意识，也不能用行政权威的思维来理解，而在于文物保护法律传达体系的有效性不够。弗里德曼认为，法律规则对特定目标产生影响的首要条件是规则传达的有效性。[①]这是因为，法律的传达体系是任何法律要产生影响的先决条件。一般来说，法律的传达体系包括司法机关、行政机构和各类媒体等，充当传达体系中介人的可能是各级官员、司法工作者、学者、当事人、普通观众等，传达的形式包括审判、官方公告、广播、电视、网络、口耳相传等。在弗里德曼看来，每一个人所接受的信息都是具有选择性的，因此，一个信息要有效地传达给所有人是不可能的，这就意味着，法律知识在社会上的分布并不是平均的。大部分法律因为专业只为专家所了解，大多数人可能仅仅对法律的某些规则有所了解。因此，人们是否遵守法律，是否具有法律意识，与人们所接收到的法律知识和法律信息的多少有关。为此，法律必须通过普及教育和社会宣传。[②]

　　考察 2002 年《文物保护法》颁布时的宣传普及情况，我们想知道的是，《文物保护法》的传达体系是否可靠及有效，从而使得文物保护的意识得以深入人心？在 2002 年《文物保护法》修订实施后，国家文物局率先开展了各种宣传活动。2002 年 10 月 31 日召开新闻发布会，向媒体介绍 1982 年以来文物保护取得的工作成绩，介绍了《文物保护法》的修订情况。11 月 1 日，国家文物局又召开了北京地区的文博专家座谈会，就《文物保护法》的修订内容、贯彻措施进行了讨论。11 月 8～9 日，国家文物局又召开了部分省市文物局局长座谈会。此外，国家文物局还编写了《文物保护法》的宣传图册。[③]各地根据《文物保护法》的要求，相继制定了实施细则，并通过新闻发布会等形式向社会公布，同时对《文物保护法》的颁布实施进行了集中的宣传活动。从一些省市公布的《文物保护法》宣传贯彻方案来看，《文物保护法》的宣传、学习和贯彻实施主要局限在各级政府、各级文物行政部门，包括媒体宣传、图片展览、宣传车、法律讲座、法律知识咨询、文物保护法

---

　　①　［美］劳伦斯·M·弗里德曼：《法律制度——从社会科学角度观察》，李琼英、林欣译，中国政法大学出版社，2004 年，第 65 页。

　　②　朱景文：《法社会学》，中国人民大学出版社，2005 年，第 364 页。

　　③　《国家文物局加大新文物保护法宣传力度》，《法制日报》2002 年 11 月 12 日，下载于 http：//www. jiaodong. net/news/system/2002/11/12/000538602. shtml.

知识竞赛等形式。①

　　从《文物保护法》的传达体系来看，该法的传达体系基本局限在行政系统之中，有时也通过座谈会等形式请文博界的专家进行讨论，但其传达的范围仍然是较为狭窄的。媒体宣传、图片展览、宣传车、法律讲座、法律知识咨询、文物保护法知识竞赛等形式也较为传统，很难说起到有效的宣传作用。在这些宣传方式中，媒体宣传是一种受众较广的宣传方式。由于这一特点，法律颁布时大多采用媒体公布的形式。但媒体宣传的特点是受众群体的不确定性，且主要为城市群体所接受和理解。弗里德曼指出：电视广播、报纸等信息传递手段的一个主要缺点是信息分散、对受众的控制能力差，因而必须以频繁或密集来弥补信息的遗漏，其效果等同于广告效应。② 但是，关于《文物保护法》的法律宣传和实施，与中国其他许多法律一样，并没有也不可能通过频繁或密集的宣传来达到传达有效的结果。《民法》《合同法》《刑法》等在民众中较高的接受度，其原因在于它们在法院和社会生活中具有较高的使用频率。《道路交通安全法》有一个特殊的传达途径，信息传达的效果很强，那就是各地开办的驾驶学校开授的交通法规课程，通过授课老师与听众的面对面接触，最大限度地提升了信息传递的有效性。③ 但是反观《文物保护法》，其传达途径是很有限的，其受众大多集中在与文物博物馆行业有关的群体之中。近年来文物拍卖和走私的暴利现实或神话，以及各地屡屡见之报端的文物"法人违法""建设性破坏"事件，在某种程度上提升了民众对文物及各类遗产的关注度，但同时也反映了《文物保护法》及文物保护意识在部分官员及部分民众中的信息缺失。这也是在行政执法案卷中屡次出现当事人无意识破坏文物保护单位的一个因素。

　　基层文物法律意识的另外一种形式表现为有意的忽视行为。这一点同样可以从文物行政管理部门的执法案卷中找到。例如，2005 年某学校未经批准就在校区内部某全国重点文物保护单位建设控制地带内开挖了一个深坑，准备建设学校图书馆。在市文物管理局的询问笔录中，我们发现这是一个明知

　　① 《郑州市人民政府办公厅关于进一步做好〈中华人民共和国文物保护法〉宣传贯彻工作的通知》（郑政办文［2003］5 号）。

　　② ［美］劳伦斯·M·弗里德曼：《法律制度——从社会科学角度观察》，李琼英、林欣译，中国政法大学出版社，2004 年，第 67 页。

　　③ ［美］劳伦斯·M·弗里德曼：《法律制度——从社会科学角度观察》，李琼英、林欣译，中国政法大学出版社，2004 年，第 67 页。

故犯的案件。执法人员问："你知道不知道你单位施工的地方在全国重点文物保护单位——某遗址的建设控制地带内？"当事人回答："知道。"问："你单位有无某省文物行政部门同意的相关手续？"回答："没有。"问："当时为什么不办文物手续？"答："当时因为市里催得紧，再一个这是拆过重建的。"① 这样的明知故犯，甚至明目张胆违反《文物保护法》的行为，在旧城改造、大规模基础建设过程中经常发生，"法人违法"和"建设性破坏"是这种文物法律意识的典型心态。典型的如江苏镇江宋元粮仓被当地开发商推平的事件以及安徽泗县释迦寺被毁事件，虽经国家文物局督促办理，仍然没有改变古文化遗址及文物古建被毁的命运。② 在这些文物破坏事件中，当事人并不是没有文物法律意识，有的甚至对《文物保护法》的内容很了解，例如镇江宋元粮仓中的开发商，赶在文物部门认定之前用推土机将文化遗址推平，表明其对《文物保护法》的相关内容有一定的了解。

　　对于这种有意的忽视或明知故犯行为，一般将其原因归结为地方文物保护执行结构的管制不力上。《文物保护法》的实施与执行结构很难对地方政府、地方强势主体进行有效的管制和制约。《文物保护法》本质上是行政管理法，有一套自上而下的文物行政管理机构来专司执行。因此，考察《文物保护法》的执行结构，有助于理解文物保护法律的实际运行状况。根据有关材料显示，全国已有 24 个省级政府成立了副厅级以上的文物局，很多地县级城市成立了文物局。2003 年，国家文物局成立了执法督察处。各地组建文物行政执法机构，目前已有专兼职省级文物行政执法机构或队伍 30 个，主要有两种情况，一是由省级文物行政部门设立的行政执法机构，包括具有独立法人资格的执法机构、省级文物行政部门的内设机构、内设挂牌机构以及与省文化市场执法总队合署办公等形式；二是直属当地政府的文化市场综合执法总队。③ 这样的分级管理的执行结构是典型的事务管理体制。其弊病在于各级文物行政执法机构在接受上级文物行政执法机构领导的同时，还要受到地方政府的领导，经费来源也主要依赖于地方财政，这种的执行机构很难对同级地方政府的文物破坏行为实现有效的监管，这也是文物的"法人违法"和

---

① 国家文物局：《文物行政执法案例选编与评析》，文物出版社，2008 年，第 249 页。
② 《是什么让文物保护令成废纸》，中国新闻网，http://www.chinanews.com/cul/2010/08-19/2476794.shtml，2011 年 2 月 23 日访问。
③ 《全国文物行政执法现状概述》，载国家文物局，《文物行政执法案例选编与评析》，文物出版社，2008 年，第 4~7 页。

"建设性破坏"屡禁不止的深层原因之一。

（三）小结：法律实施的支撑结构与法律效果

法律实施的关键性因素不在于法律本身制定得如何完善，而在于其实施的支撑结构上。法律意识、非正式运作体系、法律的传达及执行体系都构成了法律得以有效实施的现实因素。我们可以举计划生育政策的实施来理解法律实施的支撑结构。在计划生育政策的实施过程中，交织着国家宣传、执行机构、人们的生育意念与生育行为，这些因素共同影响了计划生育的实施效果。法律的传达体系是多种多样的，包括官方的公告、媒体宣传，也包括法院的判决、人与人之间的口耳相传。根据弗里德曼的理解，不同的传达手段所达致的效果是不同的，有的传达简单有效，例如一次法院判决对当事人的影响；有的传达复杂多样但却未必有效，例如广告式的媒体宣传，由于受众的不确定性，其传达的效果未必好。因此，法律的实施效果首先取决于法律传达的效果，取决于法律传达的多样化和深入程度。法律的执行结构同样影响法律的实施效果。以《文物保护法》的实施为例。作为文物行政管理法，《文物保护法》的执行机构具有完整性的特点，自上而下建立了多样的文物保护实施机构，包括文物行政管理部门、各类文物保护管理机构、博物馆以及其他文物保护机构等。一套有效的执行体系对于《文物保护法》的实施显然具有促进作用。从文物保护的历程来说，这一套执行体系发挥了文物保护的重要作用。文物保护管理机构保存了大量的文物古迹，博物馆以及各种文物保管所也保存了大量的可移动文物。如果没有有效的执行体系，《文物保护法》是难以实施的，也就更不要说什么法律效果了。法律意识和人们的非正式运作系统之所以也作为法律的支撑结构的一部分，在于它们共同发挥了法律实际为人们所遵从或者违背的基础。如果说法律的传达体系和执行结构代表了一种来自国家层面的自上而下的动员系统的话，人们的法律意识和非正式运作系统表达了人们为什么要遵从法律，为什么要违背法律，为什么要以这样或那样的行为来实践法律要求的支柱和基础。因此，法律的实施效果必然与人们的法律意识有关，也会受到人们处理事务的习惯方式的影响。正是从这个角度，我们在研究法律的支撑结构的时候，要把法律意识和人们处理事务的实际方式考虑进来。

弗里德曼的法律效果理论关注了法律的传达、执行体系以及人们的思想意识和行为方式，指出了法律的传达和执行体系，法律的意识和法律运作的行为方式在产生有效的法律效果方面的重要性。法律需要被受众知道，法律需要机构和人员来执行。弗里德曼把这一环节归结为人的行为，并研究人的行为对法律效果的影响。从某种意义上来说，这种观察是正确的。但并不准确。由于人的行为在很大程度上的随机性，因此很难具有分析法律效果的实证意义。实际上，法律的传达体系和执行体系，不仅仅是人的行为，更是法律产生实施效果的制度性结构，这是一个社会中相对稳定的结构形式，对法律效果的影响具有稳定的影响。从文物保护法的实施效果来看，《文物保护法》及相关法规的传达体系较为简单，主要局限在文物行政及文博行业，传达行为也较为传统，因此传达的效果并不是很好。但《文物保护法》具有完整的执行体系，拥有自上而下的文物保护管理机构，因此，我们可以发现，由于这一套关键性的执行体系，使我们国家的文物保护事业不断发展，取得了一定的成绩。但同时，执行体系的结构和特点也影响了法律效果的发挥。也就是说，执行体系是法律实施效果的一种关键性支撑结构，它的好坏对于法律效果具有重要的影响力。

我们还需要注意的是，人们的法律意识和社会的非正式运作机制，往往代表了法律的"地方性知识"。这种"地方性知识"对于法律在民间的运行、实施和接受也具有关键性的影响力。从甲村纠纷的解决过程来看，我们看到了法律运行在乡村运作体系中的替代性思维。一种泛行政化的运作系统，成为乡村中权威的更替、纠纷的解决乃至生活安排的重要方式。甲村与考古队之间的纠纷解决，展示了这一套体系的影响。有学者认为，中国人的法律意识是一种现实和道德利益考量下的工具理念。这种理论是从利益角度来衡量法律意识的。从民间社会的非正式运作系统角度来考量法律意识的话，我们会发现，中国人的法律意识实际上是附着于日常的生活实践中，隐没于已经形成的习惯性的事务处理方式上。因此，我们在甲村中，一项纠纷的解决看不到法律的影响，人们的思维路径和习惯性选择仍然是自上而下的行政权威系统。正如有的学者所指出的，农村中法律意识弱化的一个重要原因在于行政权威的替代作用。这种认识，如果放在民国以来国家权力不断延伸的乡村治理实践中，是具有合理性的，它部分解释了"送法下乡"的难点所在。而且，即使在行政权力延伸至乡村之前的时代中，这种解释也是具有合理性的。宗族礼法的观念代替了法律的观念，习惯性的处理方式代替了法律的处理方式。因此，从法律效果的角度来说，法律意识以及民间的非正式运作方式是影响法律实施效果的基础因素，这是一种人心和生活的力量，根源于人的实践能动性和对"地方性知识"的熟练运用。

第六章　如何有效地保护文物？

　　总体来说，从历史的长时段来说，相比过去的文物保护实践，必须承认的是，中国文物保护法律的实施取得了巨大的成就。中国已经建立起较为完整的文物保护法律体系，各种涉及文物保护的具体法律制度涵盖了各种类型的文物保护内容，并在文物保护的实际工作中发挥着框架性的基础作用。各种层级和类型的文物保护执行机构，成为文物保护法律得以实施的支柱。通过这些机构的努力，几十年来中国系统地保留了一大批不可移动文物，保存了大量可移动文物，同时，在世界文化遗产保护运动的影响下，中国的文物保护法律体系正向着以文化遗产保护为核心的文化遗产保护法律体系转变。这些成就都是不可否认的。

　　但是，中国的文物保护实践取得的成就，并不意味着文物保护法律法规的具体实施没有问题。就中国文物保护法律的实施效果而言，考察文物保护单位的投入及实际运营情况，考察多年来博物馆投入及其产生的社会效益的比例，考察文物犯罪的威慑效果，可以得出的一个基本结论是：总体上来说，中国文物保护法律的实施效果还没有达到一种较佳的程度，甚至有时还处于一种效果低下和处境尴尬的无奈境地。这主要表现在三个方面：

　　1. 从文物保护资金投入的现状来看，存在着两个方面的问题，一是整体上文物保护经费投入不足，难以覆盖所有需要进行保护的文物资源，这尤其体现在每年文物保护单位的经费投入上，国家的经费投入只能实现重点保护，不能实现普遍保护。二是由于文博单位的事业体制现状及内部资金使用原因，现有文物保护经费的预算执行情况并不理想，经费投入和社会效益的产出比例不高，文物保护经费的整体使用效率不高，加强经费使用的效率是文博单位未来发展中需要重点考虑的问题。三是文物经费的来源途径较为单一，没有形成多元化的资金保障体制，从而限制了文物保护效果的发挥。

　　2. "法人违法"及各种建设性破坏现象频繁发生，文物保护与地方建设之间的利益博弈常常以文物遭受损害为代价。尽管文物保护法律法规中对于这一问题形成了制度化的规定，例如文物保护作为城市规划的强制性内容，文物保护纳入地方政府绩效考评体系，但这种规定强调的是经济建设让位于文物保护，必然在实际运行过程中，与各地经济建设为中心的思路有矛盾之处，在现实的利益衡量下，文物安全往往处于较为弱势的地位。从立法层面上说，《文物保护法》在经济建设与文物保护关系的处理上还存在着需要改进的地方，从而为经济建设过程中文物保护取得实际效果奠定法律基础。

3. 文物违法犯罪现象持续多发，表明文物保护法律的威慑效果较低。文物盗掘、走私现象屡禁不绝。由于国际市场上文物利润居高不下，在巨额经济利益的刺激下，20 世纪 80 年代以来，中国持续不断的文物盗掘和走私，造成了大量文物的损毁与流失，文物的安全形势极为严峻。面对这种形势，尽管中国构建了包括刑法在内的打击文物犯罪的法律体系，在执行结构上赋予了文物行政部门的执法权，建立了公安机关与文物行政部门的联合执法机制，采取了包括严打专项行动在内的重点打击行动，但打击文物犯罪的总体效果并没有达到令人满意的境地，文物的犯罪率和破案率处于一种较为稳定的曲线状态，这说明中国遏制文物犯罪的任务还很艰巨。

形成这种实施效果的原因是多方面的，既有立法结构的原因，管理制度的原因，也有成本投入的因素，既有法律执行的结构和具体实施过程的因素，也受到人们文物法律意识的影响。

考虑到文物保护法的具体效果，考虑到历史形成的文物保护逻辑的影响，文物保护立法的思路局限于机构管理等保护体制和政府推动等行政手段上，现行管理体制则呈现出管理低效性的特点，这也包括文物保护经费来源的单一性和资金使用的低效性，使得文物保护法的实施效果并不是很好，这种效果不佳表象的背后隐藏着法律支撑结构的缺陷，包括执行结构的无力、法律意识的行政替代思维等。考察文物保护法律法规的实施效果及其影响因素，一个可能的立法建议是对文物保护与经济建设的关系进行建设性的规定，对文物保护经费投入的多元化途径和来源进行规定，改变文物保护经费投入的单一渠道，使民众参与文物保护的方式和方法具有制度化保障，从而使得文物保护真正成为全民关注的事业。一个可能的执法建议是加强文物管理体制的统一性，改变目前多级管理、监管乏力的现象，从财政上、人事管理上保障地方行政文物保护部门的处罚权限，与公安部门联合，建立起专门的文物犯罪侦查机构等。

一、建设性条款是未来《文物保护法》立法修订的重点

《文物保护法》的制度设计紧紧围绕着文物保护这一中心，固然是从最大程度保护文物的良好意愿出发，但从《文物保护法》的实际效果来说，这种设计并不一定能达到最大限度保护文物的目的。文物保护立法及其相关制度规定的效果，受到历史形成的路径依赖的影响，受到现行的管理体制的制约，受到各地经济政策的影响，因此，单纯就保护谈保护，从理论上讲得通，实践上难以执行。

文物保护是一个系统工程，必须认识到文物的所有权配置及使用权虚置的影响，认识到经济建设与文物保护之间的共赢关系，认识到现行管理体制存在的弊端，以及借鉴国外相对成熟的公众文物保护参与机制，使文物保护得到广大民众的参与，文物保护的成果为地区经济服务，为民众生活水平的提高服务。这些认识，落实到《文物保护法》立法修订上，可以归纳为一点，即改变现有《文物保护法》禁止性条款较多的规范结构，研究并充实建设性条款。

文物永续留存，是文物保护工作的一个基本目标，也是《文物保护法》的立法目的。但这一目标要结合其他制度来落实。最关键的是要处理文物保护与经济建设、与民众生活水平提高之间的关系。文物保护工作要促进地方经济建设，文物保护成果要惠及民众，提高民众的生活水平，探索形成经济建设与文物保护双赢的机制，是文物保护工作良性发展的基础。文物保护与民众生活的改善结合得越好，经济建设越发展，意味着文物保护经费越有可能更多地投入，更多的保护经费投入，又意味着更多的文物有条件得到改善，这是一种良性的循环。

《文物保护法》的立法设计应当促成这种良性循环规律，而不是通过大量的禁止性规定来保护文物。文化保护成果惠及民众蕴含了文物保护为了谁，文物保护工作依赖谁的理念。往往只有文物保护成果真正惠及民众了，民众才会自觉地参与到文物保护中来，真正把文物保护当作自己家的事来管理和保护，而不是当成国家的事或者说文物行政管理部门的事，民众参与文物保护的机制才能够建立起来，从而破解一方面政府机构千方百计想办法改善文物管理，大量的民众对自己家门口的文物和文化遗址知之不详，也无由参与保护的局面。因此，在未来的《文物保护法》修订中，建议总则中应当明确文化保护成果惠及民众的原则，分则中应当有明确促进经济建设的条款以及

民众如何参与进文物保护的条款，并参考国外的税费刺激策略，规定对参与文物保护的企业和个人实行税费减免。

值得一提的是，2016 年国务院法制办发布了《中华人民共和国文物保护法修订草案（送审稿）》，在这一修订草案中，对于文物保护的机制有了更多建设性的条款。

二、建立新型的文物保护参与机制

中国文物保护的管理实践根源于中国行政管理的治理实践。行政管理下的文物保护，有其优越性，但不足之处也很明显，容易导致实际运行中的文物保护体制演变为两种体制并存的局面：一是行政机构和文博单位专门保管与使用文物的体制；二是非专业组织和机构实际负责文物保护的体制。这种混合体制需要解决的问题有三点，一是如何降低内部管理的成本，提高文物保护的效率；二是如何减少文物所有权和使用权的分离，形成统一高效的文物保护管理体制；三是如何形成民众参与文物保护的有效机制。

关于管理体制的变革，一种意见认为建立垂直管理的文物保护体制，将各地的文物行政管理机构统一归属上级文物行政管理部门管辖，形成全国一盘棋的文物保护管理系统。这种管理体制思路仍然是传统行政治理的思路，只不过机构更加集中，行政效能更强，实践中会有利于文物保护单位的人、财、物的统一调配，减少地方文物保护机构对地方政府财政的依赖，但还是不能避免单纯依靠政府部门和机构管理来进行文物管理的弊病，也不能完全避免地方文物保护机构对地方政府的依赖。

中国文物保护体制的一个缺憾是民众参与机制的欠缺。这应该是未来中国文物保护实践中需要着力解决的问题。最关键的是要有可供操作的参与规则，而不是一种口号和宣言。从目前的实践来说，中国的民众参与文物保护的实践是偶然的，无论是民间文物的捐赠、文物经费的投入都缺乏制度保障，这导致民间难以形成参与文物保护的有效力量，使得民众较难制度化地参与到文物保护的实践中来，这一点与一些国家社区团体、民间资本普遍参与到文物保护中的实践具有很大差距。

2016 年的《文物保护法》修订草案在文物保护参与机制上有了很大的突破，其中明确强调要制定鼓励社会参与文物保护的政策措施，要提高公众参与度，形成全社会保护文物的新格局。如何落实还需要在实际工作中探索和研究。例如，对于大量不可移动文物的保护，如何支持群众组织参与保护，如何对自愿投入资金进行保护修缮的民众进行补偿的问题，需要研究制定文物保护补偿办法；为鼓励社会各界积极向博物馆捐赠文物，需要制定切实可行的政策措施，实行税收减免或优惠等；为发动社会各界参与到制止文物破坏的行为中来，需研究文物保护的公益诉讼等法律机制等。

从国际社会文化遗产保护实践来说，一个较为成功的案例是意大利的文化遗产保护。意大利的文物遗产实行的是中央政府垂直管理的体制，文物经费来源于政府预算及博彩业、文物彩票、企业及个人资本等几个方面，文物所有权实行管理权和经营权的分离，由企业进行文化遗产的经营，但其人事管理权和门票定价权收归国家，设立了文物宪兵制度以打击文物犯罪。意大利的文化遗产保护无论是机构设置、文物经费来源、文物经营权的运营以及文物犯罪的打击手段上来说，都具有一定的借鉴意义。中国文物保护的实践有自己的特色之处，主要是以单位的组织形式对文物进行重点保护，在不能实现应保尽保的情况下，不失为一种较佳的策略选择。但是，在文物保护向文化遗产保护转变的过程中，对比国家社会的一些成功经验，中国文物保护体系的一些不足之处也已显现出来，例如内部管理的低效率、民众制度化参与度较低、大量文物还处于无人保护的境地，这些不足促使中国文物保护法律法规要想获得较佳的实施效果，使得文物安全和文物保护要想取得明显的成效，还需要在文物保护意识、法律制度的配套措施、民众的参与度、保护经费投入力度的多元化、国际合作等各方面付出更多的努力。

三、加强民间文物保护法律意识的培育度

实践中文物保护的法律意识往往被地方性知识、行政思维和行为习惯所替代。这意味着在基层社会的运作体系中，文物工作实际上混同于其他文化工作，这也意味着，我们多年来的文物法律的传达体系对民间社会的影响力较为有限，文物法律的执行机构也高度混同于其他行政机构，没有凸显出其培育文物法律意识、宣传文物法律知识的积极作用。

四、仍然需要探索更加有效的文物安全保护机制

文物违法犯罪行为的威慑力度受到多方面的制约，威慑效果极为有限。中国一再采取措施遏制法人违法，打击文物犯罪，但这些制度建设和机构设置受限于内部管理成本、经费投入、技术更新以及打击行为的可持续性等问题，其威慑的效果是有限的，仍然需要探索更加有效的文物安全保护机制，

例如专职文物执法机构的设立，民间文物保护机制的常态化等。

最后，总结中国文物保护法实施效果的理论意义，有助于从三个方面理解影响法律实施效果的因素：

1. 从成本效益的角度来说，法律规则，尤其是法律权利配置的不同方式是一种较为根本性的影响法律效果的因素。但这种根本的影响不是一种直接的影响，而是一种间接的影响，需要通过制度安排等中间结构来起作用。权利的不同配置，意味着不同的制度结构和权利实现方式，意味着经费投入机制的变化。正如文物所有权的国家配置与文物行政管理和文博机构保护的体制安排是互为表里的一样。这种体制安排，实际上成为法律实施过程中的关键性因素，并影响着人们的法律意识、法律传达体系、执行结构的建立方式，因此，法律的实施效果问题，就转化为体制安排的有效性问题。体制安排的有效程度，反映了立法目的实现的质量，这也是本文关注文物保护体制和文物经费投入有效性的原因。法经济学的法律效果研究，关注的是法律权利本身的配置，虽然具有理论上的正确性，但却忽略了法律与社会互动关系中间的结构，这种中间结构构成了法律实施的支撑结构。支撑结构的有效程度影响了法律实施的效果。弗里德曼的法律效果理论，虽然正视了法律的传达和执行结构对法律实施效果的影响，但同样忽视了法律权利配置与相应的制度安排之间的关系。

2. 进一步从制度安排的角度来说，法律效果的实现程度，与这种制度安排所处的时代需求和环境因素具有密切的关系，甚至环境因素有可能成为一种关键性的因素。从文物保护与经济建设的关系来说，地方政府经济建设的绩效冲动和利益诉求与文物保护的诉求之间的关系，反映出一种外在于文物保护法律的政治、经济和道德体系对其实施效果的影响。弗里德曼的法律效果理论阐述了"同等人地位集团"的影响，这实际上是另外一种意义上的环境因素对法律实施效果的影响。文物保护法律面临的外部环境影响更多的是一种国家宏观政策及由此而来的制度安排的影响。文物保护法律要获得相应的实施效果，不仅需要在执行的环节处理好与外在环境的关系，还需要从立法思路和立法结构上改变一种内在封闭型的立法模式，以寻求某种更加完善的文物保护处理方式。

3. 进一步从犯罪威慑效果的角度来说，法律规则对行为的影响又具有有限性的一面。波斯纳认为，犯罪是一种成本效益的权衡行为，一旦犯罪的预期处罚成本低于收益成本，犯罪就成为可能，就有必要通过提高犯罪的预期处罚成本来阻止犯罪行为。但是，从文物执法威慑的相关和回归的样本分析来看，我们会发现，包括打击文物违法犯罪在内的文物法律法规，对遏制或者说减少文物违法犯罪行为的影响其实是有限的，文物执法的威慑力量也是有限的，我们不可能通过不断提升执法的威慑力来降低文物的违法犯罪行为。

　　总之，我们检查《文物保护法》及其相关法规的实施效果，其目的是为了理解法律效果发生的规则因素、运行因素以及实践因素，其最终目的是为了完善法律制度本身。自从霍姆斯提出法律预测观点以来，我们对法律实际运作方式的关切程度大为增加的原因，部分就在于法律的实际运行状况蕴含了法律反省的力量，蕴含了法律发展和法律完善的力量。毕竟，法律规则的演进来源于社会的实践，法律制度的完善也需要依赖对具体法律制度实施效果的观察和理解。这也是本书考察文物保护法，并将着眼点放在法律效果上的根本原因所在。

参考文献

文章及论文：

［1］晁秀棠：《法律效果及其研究和测定方法》，《法律科学》1992年第5期。

［2］程晓君：《属于全人类的"意大利模式"——意大利文化遗产保护初探》，《魅力中国》2008年第12期。

［3］褚馨：《近二十年来文物盗掘与走私现状分析及相应对策》，《复旦大学君政学者论文集》，2002年。

［4］冯仕政：《法社会学：法律服从与法律正义——关于中国人法律意识的实证研究》，《江海学刊》2003年第4期。

［5］顾军：《法国文化遗产保护运动的理念与实践》，《江西社会科学》2005年第3期。

［6］郭星华、王平：《中国农村的纠纷与解决途径——关于中国农村法律意识与法律行为的实证研究》，《江苏社会科学》2004年第4期。

［7］韩旭：《论制约法律调整效果的一般条件》，《政治与法律》1994年第1期。

［8］何永宏：《论法律效果与社会效果的冲突与统一——以刑事审判活动为视角》，《江苏警官学院学报》2009年第6期。

［9］黄宏宇：《地方立法评价指标》，《人大研究》2008年第1期。

［10］黄锡生、晏晓丽：《论新文物保护法的制度创新及其立法完善》，《江汉大学学报（社会科学版）》2004年第6期。

［11］黄燕民：《国际文物保护立法简述》，《中国博物馆》1987年第4期。

［12］季卫东：《从边缘到中心：二十世纪美国的"法与社会"研究运动》，《北大法律评论》1999年 第2卷第2辑。

［13］姜丛华：《论法律运行的实现——法律在社会中实现的机制与评

价》，《浙江大学学报（社科版）》，1995 年第 2 期。

　　［14］靳平川：《20 世纪 80 年代以来山西文物警察工作研究》，《山西警官高等专科学校学报》2007 年第 4 期。

　　［15］柯华庆：《科斯命题的博弈特征与法律实效主义》，《中山大学学报（社会科学版）》2008 年第 2 期。

　　［16］孔祥俊：《论法律效果与社会效果的统一——一项基本司法政策的法理分析》，《法律适用》2005 年第 1 期。

　　［17］孔小红：《法律效果系统探讨》，《法学季刊》1985 年第 4 期。

　　［18］李都安：《新〈文物保护法〉存在的问题及其补救措施》，《唐山师范学院学报》2010 年第 1 期。

　　［19］李怡：《法律实效与相关概念及影响因素》，《合作经济与科技》2009 年第 1 期。

　　［20］李玉雪：《文物的私法问题研究——以文物保护为视角》，《现代法学》2007 年第 6 期。

　　［21］李玉雪：《应对文物危机的路径选择——以国内法和国际法对文物的保护为分析框架》，《法律科学》（西北政法大学学报），2009 年第 3 期。

　　［22］梁吉生、顾伯平：《新中国文物立法的回顾与展望》，《中国博物馆》1988 年第 4 期。

　　［23］梁兴国：《单位规章对法律实效之影响》，《政法论坛》（中国政法大学学报），2006 年第 5 期。

　　［24］刘建美：《陕甘宁边区文物保护工作述析》，《延安大学学报（社科版）》2010 第 2 期。

　　［25］刘应民：《论国家所有权的行使》，《武汉大学学报（社会科学版）》，2003 年第 9 期。

　　［26］罗朝辉：《我国刑法对文物的保护及立法完善思考》，《重庆交通学院学报：社会科学版》2006 年第 2 期

　　［27］马健：《中国文物管理制度的变迁：1950 年——2002 年》，《理论界》2010 年第 2 期。

　　［28］马树华：《民国政府文物保护评析》，《文博》2004 年第 4 期。

　　［29］马秀娟：《论我国文物犯罪的量刑平衡》，《山西警官高等专科学校学报》2009 年第 1 期。

　　［30］聂小明：《凯尔森法律效力理论探析》，《池州师专学报》2006 年

第 4 期。

[31] 沈海虹：《美国文化遗产保护领域中的税费激励政策》，《建筑学报》2006 年第 6 期。

[32] 王林：《中外历史文化遗产保护制度比较》，《城市规划》2000 年第 4 期。

[33] 王士伦：《三十五年来浙江文物考古事业的回顾》，《浙江学刊》1984 年第 6 期。

[34] 王世仁：《为保存历史而保护文物——美国的文物保护理念》，《世界建筑》2001 年第 1 期。

[35] 韦志明：《法律权威在农村被弱化的原因探析》，《安徽农业科学》2008 年第 8 期。

[36] 文物警察体制研究课题组：《河南省文物警察体制问题调研报告》，《山西警官高等专科学校学报》2009 年第 4 期。

[37] 奚晓明：《努力实现法律效果与社会效果的统一》，《人民法院报》2008 年 9 月 23 日。

[38] 鲜乔蓥：《根据地及解放区文物保护之鉴》，《文史哲》2010 年第 5 期。

[39] 谢辰生：《新中国文物保护工作 50 年》，《当代中国史研究》2002 年第 3 期。

[40] 谢晖：《论法律实效》，《学习与探索》2005 年第 1 期。

[41] 薛瑞麟：《关于文物犯罪几个问题的思考》，《杭州师范学院学报（社会科学版）》2005 年第 2 期。

[42] 杨寅、韩磊：《行政许可法实施中的困境》，《法学杂志》2006 年第 2 期。

[43] 张骐：《法律实施的概念、评价标准及影响因素分析》，《法律科学》，1999 年第 1 期。

[44] 张松：《中国文化遗产保护法制建设史回眸》，《中国名城》2009 年第 3 期。

[45] 赵中枢：《从文物保护到历史文化名城保护——概念的扩大与保护方法的多样化》，《城市规划》2001 年第 10 期。

[46] 郑文金：《立法后评估探讨——全国人大常委会立法后评估研讨会观点综述》，《理论探讨》2008 年第 9 期。

[47] 周星、周超：《日本文化遗产的分类体系及其保护制度》，《文化遗产》2007 年第 1 期。

[48] 朱力宇、孙晓东：《立法听证效果评估研究》，《"法律与发展的中国经验"国际学术会议论文集》II（非出版物），北京，2008 年 5 月 10～11 日，中国人民大学法律与全球化研究中心。

[49] ［意］彼得罗·瓦伦蒂诺：《意大利文化和文化遗产的经济价值》，兰伟杰、胡敏译，《国际城市规划》2010 年第 3 期。

[50] ［美］理查德·A. 爱泼斯坦：《普通法规则的社会效果》，徐爱国译，《哈佛法律评论·侵权法学精粹》，法律出版社，2005 年

[51] Garrick Blalock, Vrinda Kadiyali. November 2007. Daniel H. Simon The Impact of Post－9/11 Airport Security Measures on the Demand for Air Travel. The Journal of LAW & ECONOMICS. Volume 50, Number 4, 736。

[52] Yuval Feldman and Oren Perez. December 2009. How Law Changes the Environmental Mind：An Experimental Study of the Effect of Legal Norms on Moral Perceptions and Civic Enforcement. The Journal of LAW & ECONOMICS. Volume 36, Nnumber 4, pp. 501。

[53] H. Laurence Ross . Interrupted Time Series of Deterrence of Drinking and Driving, in John Hagan（ed.）Deterrence Reconsidered：Methodological Innovations . Beverly Hills：Sage Publications, 1982。

[54] Ming－Jen Lin：More police, less crime：Evidence from Us state data, International Review of Law and Econimics, volume 29, Issue 2, June 2009。

博士、硕士论文

[1] 陈刚：《文物国家所有权研究》，华东政法学院 2006 年硕士学位论文。

[2] 何余：《我国城市节水法律制度运行问题研究》，河海大学 2006 年硕士学位论文。

[3] 贾俊艳：《文化遗产保护立法之比较研究》，武汉大学 2005 年硕士学位论文。

[4] 刘红兵：《论文物保护法的物权规定及其完善》，山东大学 2008 年硕士学位论文。

[5] 沈红云：《农民的法律意识与农村社会秩序——以鄂东石村为例，

华中师范大学2007年硕士学位论文。

[6] 王否琢:《农民法律意识的调查与思考——以黄河三角洲地区为例》,山东大学2008年硕士学位论文。

[7] 王国骞:《国家法实效问题研究——来自中国五省农村的实证分析》,中国政法大学2006年博士学位论文。

[8] 王霁霞:《行政法实施效果研究——以行为主体的利益选择为视角》,中国政法大学2008年博士学位论文。

[9] 王运良:《中国"文物保护单位"制度研究》,复旦大学2009年博士学位论文。

[10] 杨杰:《行政行为法律效果研究——以行政行为成立为视角》,山东大学2006年硕士学位论文。

[11] 由好:《我国法律实效问题研究》,辽宁师范大学2008年硕士学位论文。

专著:

[1]《中国大百科全书》(文物 博物馆),中国大百科全书出版社,1993年。

[2] 单霁翔:《从"文物保护"走向"文化遗产保护"》,天津大学出版社,2008年。

[3] 费孝通:《乡土中国 生育制度》,北京大学出版社,2003年。

[4] 付子堂:《法律功能论》,中国政法大学出版社,1999年。

[5] 龚祥瑞:《法治的理想与现实》,中国政法大学出版社,1993年。

[6] 国家文物局:《文物行政执法案例选编与评析》,文物出版社,2008年。

[7] 国家文物局:《中国文化遗产事业法规文件汇编(1949~2009)》,文物出版社,2009年。

[8] 黄建武:《法的实现——法的一种社会学分析》,中国人民大学出版社,1997年。

[9] 李晓东:《文物保护法概论》,学苑出版社,2002年。

[10] 刘焯:《法与社会论——以法社会学的视角》,武汉出版社,2003年。

[11] 刘世锦:《中国文化遗产事业发展报告》(2008),社会科学文献出版社,2008年。

［12］刘世锦：《中国文化遗产事业发展报告》（2010），社会科学文献出版社，2010 年。

［13］沈国明、史建三、吴天昊等：《在规则与现实之间——上海市地方立法后评估报告》，上海人民出版社，2009 年。

［14］苏力：《道路通向城市——转型中国的法治》，法律出版社，2004 年。

［15］苏力：《法治及其本土资源》，中国政法大学出版社，1996 年。

［16］孙国华、朱景文：《法理学》，中国人民大学出版社，1999 年。

［17］唐应茂：《法院执行为什么难——转型国家中的政府、市场与法院》，北京大学出版社，2009 年。

［18］王铭铭：《走在乡土上——历史人类学札记》，中国人民大学出版社，2003 年。

［19］文化部计划财务司：《中国文化文物统计年鉴》（1997 至 2010 年），文物出版社。

［20］吴浩、李向东：《国外规制影响分析制度》，中国法制出版社，2010 年。

［21］夏勇：《走向权利的时代》，中国政法大学出版社，1995 年。

［22］赵旭东：《法律与文化——法律人类学研究与中国经验》，北京大学出版社，2011 年。

［23］郑永流：《转型中国的实践法律观》，中国法制出版社，2009 年。

［24］郑永流、马协华、高其才、刘茂林：《农民法律意识与农村法律发展》，武汉出版社，1993 年。

［25］中国法律年鉴编辑部：《中国法律年鉴》（2009），中国法律年鉴出版社，2009 年。

［26］中国法治 30 年课题组：《中国法治 30 年回顾与展望》（1978～2008），厦门大学出版社，2009 年。

［27］中国社会科学院法学研究所：《中国法治 30 年》（1978～2008），社会科学文献出版社，2008 年。

［28］钟笑寒：《文物保护与旅游业发展》，清华大学出版社，2008 年。

［29］朱景文：《法理学教学参考书》，中国人民大学出版社，2004 年。

［30］朱景文：《法社会学》，中国人民大学出版社，2005 年。

［31］朱晓阳、侯猛：《法律与人类学：中国读本》，北京大学出版社，

2008 年。

　　［32］［美］博西格诺等:《法律之门》（第六版），邓子滨译，华夏出版社，2002 年。

　　［33］［奥］尤根·埃利希:《法律社会学基本原理》（三），叶名怡、袁震译，九州出版社，2006 年。

　　［34］［美］本杰明·内森·卡多佐:《法律的生长》，刘培峰、刘骁军译，贵州人民出版社，2003 年。

　　［35］［美］罗斯科·庞德:《法理学》（第一卷），邓正来译，中国政法大学出版社，2004 年。

　　［36］［美］理查德·A·波斯纳:《法律的经济分析》，蒋兆康译，中国大百科全书出版社，1997 年。

　　［37］［美］A·米切尔·波林斯基:《法和经济学导论》，郑戈译，法律出版社，2009 年。

　　［38］［美］劳伦斯·M·弗里德曼:《法律制度——从社会科学角度观察》，李琼英、林欣译，中国政法大学出版社，2004 年。

　　［39］［美］唐纳德 J·布莱克:《法律的运作行为》，唐越、苏力译，中国政法大学出版社，2004 年。

　　［40］［美］克密特·L·霍尔:《牛津美国法律百科辞典》，林晓云等译，法律出版社，2008 年。

　　［41］［美］杰弗里·亚历三大:《社会学二十讲——二战以来的理论发展》，贾春增译，华夏出版社，2000 年。

　　［42］［美］黄宗智:《过去和现在——中国民事法律实践的探索》，法律出版社，2009 年。

　　［43］［美］黄宗智:《经验与理论:中国社会、经济与法律的实践历史研究》，中国人民大学出版社，2007 年。

　　［44］［美］格尔兹:《文化的解释》，纳日碧力戈译，上海人民出版社，1999 年。

　　［45］［美］霍姆斯:《法律的生命在于经验——霍姆斯法学文集》，明辉译，清华大学出版社，2007 年。

　　［46］［美］黄锦就、梅建明:《美国爱国者法案:立法、实施和影响》，蒋文军译，法律出版社，2008 年。

　　［47］Hirsch . W. Z. , *Law and Economics:An Introductory Analysis* , Academic Press，1979

[48] Stewart Macaulay，Lawrence M. Friedman and John Stookey，*Law & Society Readings on the Social Study of Law*，w. w. NORTON & COMPANY Newyork，London，1995

致　谢

　　直至今天，我对许多学科的知识都保持着好奇心。我认为不同的知识完善了我对这个世界的理解。也许，正是这种好奇心促使我在硕士阶段学习文化人类学时就开始接触法律知识，我也因此感受到了法律所蕴含的强烈的现实关怀。2003 年我参加工作以后，及对法律的兴趣转化为学习的动力。2006年通过司法考试，2008 年有幸成为朱景文老师的博士研究生，系统学习法社会学知识。

　　一年半的学习之后，我认为法律效果研究是一个较为适合我的博士论文选题。法律效果是考察法律与社会之间关系，理解"行动中的法"的钥匙，也是法社会学的基础研究范畴。对这一问题的研究，也符合我入学以来对法律的看法。朱景文老师认可了我这个选题，同时指出法律效果研究不能做成单纯的理论研究，而应该是从具体法律入手，立足于法律在实际生活中的运行状况来进行中国经验的研究，最后形成对法律效果理论问题的看法。在开题报告会上，由于我在中国国家博物馆工作多年，对文物保护的实践相对熟悉，导师组建议我以文物保护法的实施效果为研究的切入点。拿出论文初稿后，朱景文老师对论文的主题和框架进行了斧斫，建议我突出问题意识，开门见山提出研究主题，砍削掉论文中许多可有可无的章节。在朱老师非凡的洞察力下，论文的章节目录和框架结构几经修改，不仅删除了近 2 万字，而且使论文的问题意识、主题和结构都趋于清晰和简洁。

　　这篇博士论文，从最初的想法到最后成稿，首先要感谢朱景文老师的耳提面命和倾注的心血。他深厚的学术功底、敏锐的思维及严谨细致的态度，对我的学业及论文的写作教益良多。同时也要感谢法理教研室的孙国华、吕世伦、范愉、张志铭、朱力宇、史彤彪、叶传星、冯玉军等老师的真知灼见和教导。

　　感谢郭辉、龚波、江兴景、于之伦、杨知文、胡荣、王涛、聂宏光、彭君、周元、林鸿娇这些 2008 级法理班的同学以及师兄韩旭和师弟刘宝坤对我的帮助。

　　本书是在博士论文的基础上修订成稿。感谢文物出版社许海意同志高效率的编审工作。

　　我最想感谢的是我的爱人孙慧颖女士以及岳父孙连科和岳母朱立岩的无私奉献。正是在他们的鼓励和支持下，我得以在工作近 5 年之后又继续攻读博士学位。2009 年 7 月孩子出生后，操持家务、养育孩子的重担大部分落在了他们的肩上。如果没有他们在背后的默默付出，我将无以完成我的学业。我也要感谢远在福建家乡的父母，他们身上流淌着的正直、勤俭的美德养育了我。谨以此文献给我的家人们。

2017 年 4 月修订于北京